검은 양 세기

민음의 시 329

검은 양 세기

김종연 시집

민음사

자서(自序)

문을 열면
복도를 지나면
고개를 돌리면

검은 양 한 마리
검은 양 두 마리

2025년 3월
김종연

차 례

검은 회화 12

리부트월드 13

리버스럼버스 16

미자나빔 23

속삭이는 시 31

입석 34

비바리움 36

알람 37

구유에 담긴 시 38

죽 45

열린 해변 47

검은 해변 49

홀 50

토리노의 새 64

환영의 안쪽 — 에게 66

이마고데이 74

빵집이 사라진 자리 76

추구체 78

1029　**85**

원과 영　**88**

같다　**89**

난지도　**91**

봄날　**95**

사모바르—에게　**98**

원영영원　**100**

더블　**105**

떠오르는 공　**106**

애프터눈　**110**

검은빛에서　**114**

기억과 상실의 모형　**116**

노르웨이 영화　**118**

아포스티유　**125**

귀리와 콩 감자와 호박　**127**

~~세 번째 새집~~　**128**

시드볼트　**133**

채석장　**138**

여름에서 **142**

에스키스 **143**

인스톨레이션 **151**

리버스데이 **154**

디졸브 **161**

가정회화집 **163**

∀ **168**

검은 회화 **170**

검은 바탕에 흰 글씨 **174**

검은빛 **177**

검은 양 세기 **178**

검은 양털 깎기 — Recoding Film **182**

▮▮▮▮▮▮ **183**

쓰인 순서 **186**

작품 해설 – 정명교(문학평론가) **189**

추천의 글 – 김선오(시인) **224**

動中動

검은 회화

리부트월드

이 모든 것이 사실 아무것도 아니라고 어떻게 말할 수 있을까

인용할 필요가 없어서 인용되지 않는 세계를
자연 발생한 개체로 여기서도 저기서도 수도 없이 발생하는 동시 세계를

무엇도 대체하지 않는 대체재에 의해

포괄되는 모든 마음

아무것도 아닌 것에 아무것도 아닌 것을 덧씌우는 방식으로
투명에 투명을 덧대어 불투명이 되길 바라는

대체 불가능한 자연으로

이렇게 아름다운 액자가 벽에 걸리고

여기서 모든 게 시작되어서
알고 나면 더 이상 알 수도 없게 되어 버리는

인지와 발생
포기된 과거로의 이행

이루어지는 게 있다
멈췄을 때 흔들리는 게 있다

이미 열려 있어서 영원히 열 수 있는 이미지

그림자의 광원
이유가 존재하지 않는 채로 물성을 얻는 물질

무생물이 이룩하는 생물의 세계로

사물의 물성을 의심하면
사물의 의심을 받는다

여기부터는
잘못할 수가 없다

리버스림버스

돌을 깎아 만든 집과 정원에서
미래가 파쇄되는 광경을 보았다

빛이 닿는 자리마다 윤곽이 끊어져
형상이 넘쳐흘렀다

엎질러진 것만으로도 세 공병을 채울 수 있어서

두었다

작은 것이 되어 보다 작은 것에 깃드는 믿음으로
누구도 마지막에 대해 미리 생각하지 않으면서

유리 너머로 차오르는 사랑의 색이 이토록 어둡단 걸
여기서 시작되는 밤은 영원히 넘치고 만다는 걸

처음 알게 되었을 때

소재가 고갈되었다

> 우리에게는 불필요한 게 더 필요해요
한 번도 뜨지 않은 눈이 필요해요

감은 눈으로
돌을 감춘 눈으로

읽지 말고 보세요
보이는 걸 보세요

두 눈을 두 주머니에 숨겨 주고 싶어져

나는 너를 숨겨 주고
너는 나를 숨겨 주면

우리 행복하게 살겠지 누구의 눈에도 띄지 않게 사라져서

영도 아래의 마음으로

가슴에서

> 숨이 얼어붙어요
입을 벌릴 때마다

빛나는 돌이 쏟아져요

검은빛을 훔쳐 가 줘요
저 빛을 꺼 줘요. 내가 영원히 잠들 수 있도록

그 거울을 부숴

너는 네가 깨진 조각이야
슬픔의 대륙이야

돌을 깎아 만든 집과 정원에서

둥글게 모여 앉아 연장되는 몸과
서로 붙잡은 손에 점점 힘이 들어가는 한밤

이것은 조용해지는 과정입니다

무릎에 앉혀 놓고 빗겨 보는 텍스트의 질감

첫 피아노 콩쿠르 연주를 앞두고 의자를 조정해 보는 어린이처럼

높지도 낮지도 않아서
이제 변명할 수도 없는 채로 빛 속에 혼자 앉아

검은 건반 뚜껑을 들어 올리고

무한히 수정되는 파도를 바라보면서
눈 감으면 모두 다 가져갈 수 있을 때까지

너무 많은 미래에 노출되면서
돌은 돌인데

시간이 지나지도 않는
여름을 보냈다

돌은 영원히 머무를 수 없는 이미지
돌은 구겨진 자리부터 펼쳐지고 마는 것

여기부터는 모두 달라지고 마는 것

이 모래는 쥐려고 하지 마세요
누구도 디테일에 살 수는 없어요

시효가 다한 공간을 위해 평생분의 기억을 요약하는 사람
다른 한 사람분의 자리가 날 때까지

그러면 문장은 다음 문장으로 이어지고

지나간 나날과 연대하여
부끄러움마저 잊을 때까지

모르는 것을 알 수는 없어요
아는 것을 더 아세요

무른 돌
파쇄되고 있는 돌

한 번 열면 도저히 닫을 수가 없는
미래의 끝

상상하지 않는 삶

미래에도 사냥을 할까요
지옥에도 사람이 살아요

흔들림을 한 번에 멈출 수 있는 정지가 있다면
우리는 출발선에 서게 되겠지만

정적 속에서
아주 작은 소리가

무언가 긁히는 소리가

알아들을 수 없도록 작은 소리가

작은 소리가 계속

작아지는
작은

소리가

미자나빔

눈 감으면 속이 꽉 찬 쇳덩이를 쇳덩이로 내려치는 소리
부술 수 없는 걸 부수려는 소리

서사를 채워 본 사람만이 서사를 떠날 수 있다지

늙은 개가 마지막으로 건네준 공을 받아들고 던져 줄 사람을 찾아다니는 너

나를 기다렸나요 내가 돌아왔어요
그동안 다닌 세상의 모든 냄새를 묻혀서 돌아왔어요

그래 이제 다음은 없구나

마음을 다 가라앉히고 맑게 뜬 슬픔만 마시고 싶어
바닥이 다 젖은 터널을 아주 오랫동안 걷고 싶어

동물처럼 공을 좋아하고 싶어
동물이고 싶어

동물도 아니고 싶어

아무것도 아니었다고 고개를 저어 가면서 진술을 마치고 싶어
사람처럼 웃으면서

나 기억은 나지 않지만 좋은 꿈을 꾼 것 같아
찾는 건 헤매는 일이니까
헤매지 않고 찾아낸 게 있다면

그것이 너를 찾아 오래 헤매 왔다는 뜻이니까

그래 이제 다음은 없구나

사랑하는 이여
당신을 오랫동안 괴롭히던 자가 죽었다
나는 이 소식을 당신에게 전하지 않을 것이다

세상의 붉은 화살표를 따라서

마음은 내내 켜 두는 것보다 깜빡이게 두는 것이 더 잘 보여서

우리는 눈을 마주치면서 자주 눈을 깜빡이고
순간순간이 모두 긴 꿈을 꾸는 것만 같아요

그때마다 누군가가 제발 자기를 구해 달라고 달려와서는 나를 지나쳐 가는 것 같다

그렇게 멀리멀리
너무 멀리

생각이 멈춘 뒤에도 여전히 달려가는 머리처럼
목적지에 도착하고도 몇 걸음 더 가는 다리처럼

집을 떠나기 전에 마지막으로 한번 돌아보고 명복을 비는 영혼처럼

그래 이제 다음은 없구나

> 이것은 부정을 모르는 시
　너의 말이라면 무엇이든 고개를 끄덕이고 마는 시

　진통되지 않는 진통제가 필요해서
　책장의 책을 모두 꺼내 햇볕에 말리던 시절

　밤마다 동산에서 악쓰던 사람처럼
　여기요! 여기요! 부르던 사람처럼
　찾아가도 여전히 악을 쓰던 사람처럼

　악도 오래 쓰면 선이 된다는 듯이
　죽음을 두려워하는 마음만이 지금껏 삶을 인도해 왔다는 듯이

　홀이라는 말에는 언제나 남겨진 한 사람이 있고
　그 사람의 얼굴은 이제 알 수 없게 되었다
　서사를 채워 본 사람은 서사에서 벗어나고 싶어지니까

　깜빡깜빡 삶에서 깨어나 누군가의 죽음을 대신 살아가

다 보면
　　한밤중 자동차 경보음 소리

내다보면 아무도 없다

필요한 걸 가진 사람들은 모두 지하로 떠나는군요
지하에 지상만큼의 집을 쌓아 두었어요

구불구불 끝을 향해 나아가는 영혼의 내시경처럼
인간의 파형을 따라 무한히 옮겨 가며 연주되는 음악처럼

삶에 대한 의심이 삶을 끌어가게 하지만
그것이 가끔은 긴 시가 되어 주지만

그래 이제 다음은 없구나

새벽에 깨어 한 단어를 고쳤다가 아침에 되돌리고
기차로는 도착할 수 없는 섬으로의 여행을 꿈꾸는 내게도
영혼의 임시 거처로 쓰일 만한 몸은 남아 있는데

〉 아이는 영혼을 어떻게 견뎌 낼까
 자신의 생전 모습을 액자에 담아 침대 옆에 두고 저절로 깊어지는 눈을
 어떤 새도 물어 가지 못한 그것을

 한여름 눈앞에서 새가 죽어 떨어지고 울던 매미가 울음을 멈추고
 나쁜 꿈을 꾸고 나서 어떤 책도 펼쳐 볼 수 없는
 길고 긴 권태의 시간들을
 아무리 먹어도 줄어들지 않는

 영원한 마들렌을

 그래 이제 다음은 없구나

 너는 사람의 옆에 앉아 무언가 떨어지길 기다리고 있지만 아니야

 떨어지지 않은 것도 모두 너의 것

가장 위에 둔 것도 모두 너의 것

떠올릴수록 멀어지고 마는 것
넘쳐흘러도 언제나 부족해지고 마는 것

눈 감으면 속이 꽉 찬 쇳덩이를 쇳덩이로 내려치는 소리*
부술 수 없는 걸 부수려는 소리

형언할 수 없는 걸 형언해 보려고
내게 던져 준 걸 돌려주려고

그래 이제 다음은 없구나

사랑하는 이여

지상의 다리는 이제 모두 위태로워 보입니다
내게는 아직 말하지 않은 게 남아 있습니다

집으로 돌아가기 위하여 나는

당신과 저 다리를 건너야겠습니다

* 아피찻퐁 위라세타꾼 감독의 영화 「메모리아」의 주인공 제시카는 '폭발성머리증후군'을 겪으며 소리의 근원을 찾아 여정을 떠난다. 소리의 양상은 저마다 다르다. 나의 경우 속이 꽉 찬 쇳덩이를 쇳덩이로 내리치는 소리였다. 잠에서 깨면 소리의 잔향 속에서 양손이 떨리고 있었다.

속삭이는 시

가만히 속삭이는 데서 시작합니다
이 시는 속삭임을 멈추지 않는 시

당신의 귓가에 대고 속삭이다가
나중에는 소리가 닿는 곳 모두 귀가 되어
어디에 입을 대도 들리고야 마는

어느새 당신은 거대한 귀가 되어
귀 펄럭이는 소리에 잠을 못 이루다가

어느 꿈에서 처음 보는 사람에게 이끌려 온 세상을 떠다니다 깨어나면

내가 그 사람이었구나

침대에 앉아 귀를 막고
지금껏 내어 온 소리를 처음부터 하나씩 다시 들어 봅니다

그러다 보면 잔에 담긴 물의 표면처럼
차라리 한 귀에 꿀꺽 삼켜지고 싶은 순간이 오고

모두 열려 쏟아지는 벽이 될 때까지
속삭이는 걸 멈추지 않으면서
다 지워질 때까지

써서 지우고 써서 지우면서

속삭이는 시는 도무지 끝이 나지 않지만
당신은 사랑에 빠져 버린 얼굴로

"여기 왜 왔어?"
묻게 되지만

다시 묻게
되겠지만

그것도 당신이어서

> 속삭이는 건
  속삭인다는 그것은

입석

그것은 서 있는 돌이다
사물은 그보다 많은 공간이다

최대의 최저 음량을 가진다

사람은 구조를 보고자 한다
흑백에서 흑백을 구분하려고

단계는 반복된다
문장은 여기에서 벗어나려고 한다

시간은 동시에 발생하는 다발이다

이것의 조립 설명서를 쓸 수 있다
생각하면 나눌 수 있다

한 번에 하나의 면으로
시간성의 관념에서 인간은 붕괴되는 특질을 가진다

› 나는 정신의 공원을 걷는다
　사람들을 불러 모으는 그곳을

　다시 조립해 가면서

　흐르는 얼음 속에
　지난여름의 네가 있다

　너에게 나는

　덥고
　따듯하다

비바리움

집에 사는 식물은 목이 마르면 사람을 부른다
창밖에 고요히 흔들리고 있는

알람

혼자 울고 있는 방에 들어갔을 때

깨어나야 할 것이 되어
그래서 깨어난 것이 되어

모든 사실을 잊은 채
알람을 끄고 방을 나왔다

구유에 담긴 시

한밤중에
개 사료 한 봉지를 사 가는 사람

잊는 건 여전히 쉽지 않고
언제나 가능성이 있다고 말하는 의사처럼 사는 게 원래 그런 거고 세상이 다 그런 거라던 다섯 살은

어쩌다 시인이 되어
슬픔을 종간 동일성과 개체별 특이성으로
설명하지 않게 되어서 좋았을까

바닥에는 바닥이 없어 계속 열리는 문만 있을 뿐
무한히 추락할 수 있다면 그것은 어느 일생과도 다르지 않다

앨범 속 점점 어려지는 사진들을 보면서
이것은 이미 본 것 같다 저기는 이미 가 본 것 같다 나는 더 잘 살아야겠다

다음이 나니까
닭장 속에 있는 닭 두 마리니까

얼굴보다 큰 입술이니까
눈보다 큰 눈동자니까

서로 목숨 삼고 있으니까

개과 동물들의 미래를 정한 슬픔처럼
어떤 사람은 보면 그 사람이 되어 주고 싶다

그 사람은 여행지에 살면서
점점 깊어지는 눈을 가지게 되겠지만
마을버스는 언젠가 마을을 벗어나고
머무르다 돌아가는 모두가 세상에 없는 주소를 남겨 두고 간다

자고 일어나 침구를 정리하다 보면
하나둘 떨어지는 검은 깃털들

바닥에 닿을 때까지가 또 영원 같아서
오늘도 영원을 셀 수 있는 시계를 얻고

좋은 것을 좋다고 말하기 위해 수많은 미사여구와
철학과 미학과 수학까지 배웠음에도

사람이 저마다의 지옥에 산다는 걸 잊지 않게 하소서

기도로 하루를 시작하는 그 사람을 보면서
나는 가만히 좋다는 말을 삼키게 된다
기쁨도 슬픔도 이제 다 잊었다는 듯이

그것은 신의 것도 사람의 것도 아닌 것

한여름에도 이불을 덮으며 겨울을 떠올리는 이유
죽은 것이 살아 돌아와도 놀라지 않는 이유

그것은

다 쓰지 않고 기다린다
어떤 사람은 보면 그 사람이 되어 주고 싶으니까

바라보는 사람의 눈을 한 번씩 암전시키며 연명하는 태양
내가 아는 것과 다른 나의 과거도
한 번씩 암전되며 연명하는 빛

의미는 그런 리듬 속에서 탄생하는 것
쓰고 남은 것에서 버려지는 것에서
쓰다 버려진 걸 다시 가져와 내내 바라보고 있는 밤중에

마른하늘에 벼락이 치듯
별안간에 터져 나오는 것

잠든 동물을 깨워 사람의 곁으로 보내게 되는 것
떨리는 등에 손을 대고

괜찮아
괜찮아

> 스스로 위로하면서
다섯 살 어린아이처럼

모두 그칠 거란 약속이 없다면
망각도 없다

젖어 본 사람이 물을 잊을까

무너지는 동시에 다시 세워지며
점점 투명한 안팎이 되어 가는
따듯하고 쓸쓸한 것이 담겨 있는

사람

투명한 벽을 창이라고 부르면서
나란히 앉아 아침을 기다리면서

어떤 사람은 보면 그 사람이 되어 주고 싶어지니까
짜고 남은 것으로도 두 사람 머리를 적실 만큼의 기름

은 충분하니까

　보이는 것과 보이지 않는 것 사이에서

　죽은 상상력 상상하며*

　이곳이 절벽이라면 나는 절벽을 오르겠지만

　시간의 영원한 밑빠짐에는
　반복만이 적힐 수 있으므로

　사람이 저마다의 지옥에 산다는 걸 잊지 않게 하소서

　좋은 걸 좋다고 말하면
　너는 창밖의 숲이 되고

　그 사이로 떠오르는 푸른 멍처럼

　뒤집힌 아침이

오고

* 사뮈엘 베케트.

죽

모두 같은 제목에서 출발합니다

이 시는 얼마간 마지막이 되고
얼마간에 나는 죽어서 사라질 것도 같고

사람에게 무해하나
삼키지 말아야 할 것을 삼켜서

나는 다 마시고 구겨 둔 팩이 된 것 같아
모두 말라 버리기 전까지
여전히 찰랑이면서

또다시 낱장의 편지로 부쳐지길 기다려

나는 펼쳐진 데서
더 펼쳐지길 기다리고 있어요

A′와 A처럼
흔적도 없이 흔적만 남는 것처럼

> 우리의 사이는 길고
나는 첫 번째로 적막하고 싶다

이 세상 모든 묶음의 긴 해저
한가운데를 통과하는 심해어로

어둠과 고요 속에서
긴 포물선을 그리면서 가라앉는

운명 앞에서도
눈을 뜨지 않는 처음의 인간으로

처음 적힌 시의 이름으로
매번 다르게 해석되는 그을음으로

들끓음과
휘저음으로

열린 해변

죽은 사람에게 편지를 쓰면
모두 답장을 보내 주었다

가끔은 보내기도 전에

명료한 질문과 대답만이 남아
새하얗게 지워지는 바다의 일

배가 이미 하얗게 젖었으면서 파도를 피하는
어디서 처음 부쳐졌을지 모를 바닷가의 새들처럼

내가 키워 날려 보낸 새들은 서로를 모른다

다녀오겠다고 말하기 위해
돌아올 집이 필요한 사람들처럼

우리는 서로의 곁에서 죽어 본 사이
모두의 죽음에 답장을 써 준 사이

시 — 너만 없으면 세계는 다시 선명해지고
한적한 바닷가에 집을 짓는 마음으로

안에서부터 젖어드는 몸이 다 젖고 나면
찢어지기 좋은 해변이 되어
모두 다녀갈 때까지

너에게

한 사람에게 백 통의 편지를 쓴다

달 — 이 세상에 남기 위해
한 번씩 닫혔다가 열리는 영원의 통로

검은 해변

 죽은 까마귀를 봤어 해변에서 비에 다 젖은 채로 죽어 있는 까마귀를 새의 죽은 이미지를 봤어 죽은 새의 이미지가 아니라 검은 까마귀를 해변을 지나가다 봤어 멀리서 검은 게 보여서 가까이 가니 죽은 까마귀였어 이렇게 큰 새가 죽어 있으니 신기하더라 보다 보니 징그럽더라 죽은 까마귀를 보았다고 나는 네게 말하지 않고 앞서 걸었는데 너는 내게 와서 죽은 새를 보았다고 나는 그것이 무엇인지 묻지도 않고서 나도 봤어 해변에 그렇게 큰 까마귀라니 어둡기도 하지

홀

●

듣다 보면 모두 아는 음악
보다 보면 모두 아는 얼굴

여러 음악을 동시에 틀어 놓고
여러 얼굴을 하나로 겹쳐 놓으며

매일 신발을 잃어버리고
언제 잃어버린 줄도 모르는 채
현관을 열고 보면 언제나 맨발이어서

바닥에 주저앉아
이제 맨발은 지겨워! 이제 맨발은 질색이야!
아픈 맨발을 주무르며 엉엉 울다가 일어나 더러워진 맨발을 씻고
침대에 누워 잠들 때까지 눈을 뜨지 않는 사람

그러다 잠이 들면 저절로 눈이 떠지고
자리에서 일어나 잃어버린 신발을 찾아 떠나는 사람

그가 사라진 집에는
그가 잃어버린 것보다 많은 신발들이 있어서

신발들 우는 소리로 온 동네 북적이고
사람을 끌고 나온 맨발이 어디야! 어디야! 외치는 밤

세상 모든 맨발에 하나씩 다 신겨 주어도 남아서
오늘은 신발이 넘치게 술을 따르고
신발을 잃어버린 세상 모든 맨발을 위해 건배하면

어느새 바닥을 기어 다니는 사람들
저 밑에는 더 많은 사람들이 있고 그 밑에는 더 많은 사람들이 있고

벌린 입에 무엇을 부어 주면 취할까
데킬라? 그런 건 우리끼리나 하는 이야기고

> 먼저 취한 세상이 굴러간다……

○

이제부터 이 이야기는
낮도 저녁도 아닌 돌아오는 새벽에 대한 것

쓰레기를 버린 사람이 쓰레기에게
버려졌다고 울어 대는 새벽과
아가리를 벌린 대문 앞에 무릎을 꿇고
한입에 삼켜지길 기다리는 새벽도

듣다 보면 모두 아는 음악
보다 보면 모두 아는 얼굴

여러 음악을 동시에 틀어 놓고
여러 얼굴을 하나로 겹쳐 놓으며

> 밤새도록 박스 테이프를 붙였다가 뜯었다가 붙였다가
다시 뜯어내던 소리

간밤에 무슨 일이 있던 겁니까
문을 두드리면

아무도 없다

안에 든 걸 알아보려고
빈방을 이리저리 굴리면서

그럴 때면
나는 다시 나에게 잠겨 들고

그날 내가 들은 건
무엇이었을까……

●

하우스 꿀수박 팝니다
달고 맛있는 하우스 꿀수박 팝니다
골목을 지나가는 트럭을 따라

나도 간다

트럭을 멈추기 전엔 꿀수박은 살 수 없고
골목은 점점 멀어지고 나는 점점 희미해지고

트럭은 가게인데
과일이 가득한 가게인데

저 수박을 훔치고 싶다 훔쳐서 모조리 깨 버리고 싶다
  아스팔트 바닥을 지나 빗물받이로 흘러드는 그 빨간 여름을

벌레들에게 선사하고 싶다

바글바글 모여드는 개미 떼가
수박을 사러 나온 사람들의 마음을 완전히 바꿔 놓을 수도 있겠다

개미의 쇼로
우리가 까맣게 잊고 지내던 바로 그 쇼로

쇼와 시대
시대와 쇼

잠자리와 비행기 같은 거
잠수함과 물고기 같은 거

산으로 바다로 뛰어다니며 현장학습으로 여름을 보내는 여름 채집 쇼

이제 채집할 수 있는 건 모두 다 잡았는데

여름은 끝나지 않고

쓰던 걸 마저 쓰라는 듯

채를 들고

이어서 채집 쇼……

                    ○

                    듣다 보면 모두 아는 음악
                    보다 보면 모두 아는 얼굴

                  여러 음악을 동시에 틀어 놓고
                  여러 얼굴을 하나로 겹쳐 놓으며

                      너는 여전히 턱을 괸 채로

재미있는 이야기를 해 주길 바라는 표정으로

그래도 계속 떠올려 봐

캘리포니아의 여름 땡볕 테니스 코트에 모여서
태어나 처음으로 테니스 레슨을 받아 보는 아이들을

너도 그중 하나고

동그란 공을 라켓으로 후려쳐 네트를 넘겨
선 안에 떨어지도록 하는 스포츠

바닥은 점점 더 달궈지고
아직 테니스화가 없는 발목은 자꾸 힘없이 돌아가고
목구멍은 타들어 가고 혀는 늘어지고
코끝이 발갛게 익어 가고

모든 위대함은 여기서부터 시작되었다
견디는 데서

견디고 견뎌서 이런 것쯤은 아무것도 아니게 되면서!

트로피의 두 귀를 잡고 외친다
너 내 말 듣고 있어?
너 또 한 귀로 듣고 한 귀로 흘리지?

내말듣고있냐고!

상상력은 고통의 편이다
고통을 주고받는 건 코트에서 일어나는 놀이일 뿐

라켓을 들고 공을 후려치면서……

●

겨우내 언 강가의 얼음을 여름으로 깨면서
신발을 벗어 두고 구멍으로 뛰어들어 헤엄치다가

> 빠져나오고 나면 처음 보는 세상
 들어가는 자리와 나오는 자리가 다른 하나의 원통

 누가 잃어버린 신발 한 짝

 또 다른 곳으로
 또 다른 곳으로

 다른 곳이란 게 없어질 때까지
 여기는 그저 잃어버린 신발 속이란 걸 인정하게 될 때까지

 컵과 컵처럼
 무한히 포개지면서

 처음부터 여기까지 다 이어진 리듬이라는 걸
 리듬과 의미와

 무의미로 기우는 환대

> 의인화에 의인화를 거듭하면서
인간적인 쪽으로 거듭 실패하면서

인간의 새로움을 넘어
새로운 인간으로

다시 태어나면서
권태와 외로움 속에서 가만히 손바닥을 들여다보면서

너머에 다른 세상이 있기라도 한 것처럼
오래전 이곳에 왔다가 돌아가지 못하기라도 한 것처럼

이제 다 늙어 버린 것처럼

탑과 탑처럼
무한히 어긋나면서……

○

들다 보면 모두 아는 음악
보다 보면 모두 아는 얼굴

여러 음악을 동시에 틀어 놓고
여러 얼굴을 하나로 겹쳐 놓으며

잃어버린 신발을 찾아 하천을 따라 걷다 보면 어느새
여기부터는 한강이야

여름방학은 너무 길고
그것은 어린애가 푹 밟고 지나간 시멘트 모양

한 걸음 더 내디뎠을 뿐인데
발자국은 어느새 먼 미래가 되어 있고

다시 돌아가기엔 너무 멀어

구멍을 신고
신발에 들어차는 비를 퍼내며

맞지 않는 신발에 억지로 맨발을 끼우면서
망연히 서서 불어나는 강물을 바라보며

강이 바다가 될 때까지

강이

바다가

될 때까지……

●

이것은 낮도 저녁도 아닌 돌아오는 새벽에 대한 것

> 한 짝에 입을 대고
한 짝에 귀를 대고

너는 이미
지쳐 잠들어 버렸지만

어느 날 공이 닿지 않아도

네트는
흔들리고

토리노의 새*

아무도 받아 주지 않은 셔틀콕처럼
새가 죽는 걸 보았어

바닥에 닿기도 전에
이 세상은 게임도 아니라는 듯

남의 싸움을 관전하려고 태어난 것처럼
깨어 있는 세상은 한 번 더
깨어날 생각이 없고

방생되는 어린 물고기들처럼
한여름에서 한겨울로 전송되는 매미 울음소리처럼

아는 것의 목록을 쓰고 지워 버려도
모르는 것의 목록이 되어 주지는 않아서

버스가 사라진 정류장은
오지 않는 버스를 기다린다

너는 세상에 버스라는 건 없었다고 믿는다

* 벨라 타르 감독, 「토리노의 말」(2012).

환영의 안쪽*
―에게

언제나 시 한 편이 부족하다 여기에도

약을 하루치씩 남겨 두는 습관처럼
슬픔이 투명해서 알록달록한 속이 다 비치는

제 등을 어둠 삼아 잠든 새의 꿈에서
다리 달린 환영의 전집은 탄생하고

아무리 깨어나도 오늘이고 마는 도서관의 복도를
비에 젖은 장화를 신고 걸어 다니다 보면
책꽂이 가장 높은 곳에 도무지 기억나지 않는

그것

그것의 강령은
그것을 말하기 위해 그것을 소비하지 말 것

오래된 나무 냄새 그윽한 도서관은
강철로 만든 책을 품고 있다 단단하게 굳은 정념 ― 그

것은 우리의 십 대에 꽂혀 있다

  좋은 걸 좋다고 말하는 게 용기고
  왜 좋은지를 알게 되었으면서도 포기하지 못하는 게 사랑이니까

  시도 시인을 필요로 하진 않으므로

  쓸모를 잃어버린 기쁨으로 이삭을 주워라
  다정하게 네 손을 베어 갈 때까지

  보이지 않는 비유는 폐기된다
  한 사람에게만 보이는 비유는 사람을 죽게 만드니까

  그들은 시로부터 자유로워진 자들
  모두 다른 사람을 죽여 본 적이 있는 자들

  낳을 수 없는 사람에게도
  낳는다는 비유가 작동하듯이

> 이제 이야기해야 하는 건 삶이 아니라 사는 방법이라고 한다면

시집에는 언제나 시 한 편이 부족하지

주파수를 맞추듯이 하나의 목소리를 찾아서
수많은 잡음의 밤거리 눈이 내리고 사람들이 멈춰 서서 사진을 찍는

포근하고 적막해서
모두가 한날한시에 말을 할 수가 없게 되어도
여기는 장면이구나 우리는 드라마구나 흑백 화면에 자막으로 흘러가는

낙천적인 슬픔처럼
2091년까지 남은 보험처럼

다리 달린 환영은 여전히 복도를 걸어 다닌다

환영의 취미는 마음에 드는 문의 손잡이를 쥐었다가 벼락같이 옆문을 열어젖히는 것

아직 태어날 때가 안 된 것들 웅성거리고
젖어 버린 알약
세상이 복용하기 시작해 버린 알약

집의 입속에서 녹아 사라져 버리는 그것

푸드덕 쏟아져 나오는 아이들
우리는 동등하게 잃을 게 있지

항구적인 슬픔을 찾아 떠난 사람들은 모두 부끄러운 얼굴로 돌아왔지만

그것은
스스로 말한다

전집은 한 권의 무게만 못하다고

\> 불 꺼진 열람실에서 다른 사람의 책을 몰래 읽고 다시 꽂아 두었다가
   그 사람의 전집을 쓰게 된 사람처럼
   도서관 복도를 서성이는 다리 달린 환영

   복도의 모든 문을 열고
   노를 집어넣으면 배가 되고

나의 책장 가장 높은 곳으로 항해하는 그것

이 모든 강철들이 한 번씩은 다 흘러갔다고
차갑고 단단한 페이지를 열어젖히면서

상상을 멈춰서는 안 된다고
항해하는 쇄금선

금을 다 깨뜨리면서

한 문장

> 한 문장

아름다움을 통과하는 관념으로

천천히

아주 천천히

그것은 마디의 리듬

뚝

뚝

손가락을 하나씩

꺾어 가면서

새가 제 등을 어둠 삼는 것처럼

어둠 속으로 퍼져 스며들듯이

조용하고 고요하고 적막하게 천천히 가라앉으면서

여기에는 더 많은 강이 필요하다
건너가기엔 조금 짧아서 건너가지 못할 다리도

너는 내가 돌아볼 때마다 건너편에서 손을 흔들어 준다
한 번도 실패한 적 없어서

시집에는 언제나 시 한 편이 부족하지

다리 달린 환영은 이제 다른 복도를 찾아다니고

각주 없이도 인용이 가능한 시
오래전에 쓴 사람과 함께 지워진 시
도서관에 꽂힌 책 중에 그런 건 없는데

강을 보는 사람은 강이 보일 때까지 걸었다는 것

> 누구에게나 아직
하루치의 약은 남아 있다는 것

지금도 등을 어둠 삼아
한 사람이 가진 환영의 안쪽을

가장 투명하게
들여다보고 있다는 것**

그럴 때면 언제나 좋은 이웃***처럼
날개도 다리도 달린 네가 문 앞에 와 있었다고

* 아피찻퐁 쉬라세타꾼.
** 아피찻퐁 쉬라세타꾼.
*** 아비 바르부르크.

이마고데이

적막과 평화는 어울리지 않는다
평화는 무엇과도 함께 오지 않는다

평
플래시 터지는 소리에
적막한 날개들 영원한 날갯짓을 시작하고

눈을 감지 마

어디까지가 사람이고
어디부터는 사람이 아닌지
알게 되니까

그때 나는 나와 닮았고
사람을 죽인 사람은
밤에 눈이 파랗게 빛난다는 것

일단 무너지고 나면
고치는 것보다

새로 짓는 것이 빠르다는 것

하지만 그러고 나면 그 자리에는
아무것도 남아 있지 않게 된다는 것

오래전 죽은 시인의 시를 밤새 고쳐 쓰면서

남은 것이 어떻게
남은 것을 남겨 두고

죽음으로도 해소되지 않는
이 푸른 삶 속으로

미련도 속죄도 없이
사라지는지

빵집이 사라진 자리

밤에 보는 빛이 좋다
상상을 처음 발명한 사람이 좋다
혼자서는 빛나지 못하는 별이 좋다

너와 내가 같은 사람이라서 좋다

우리는 하얀 페인트 통을 들고
하얗게 칠할 벽을 찾아다니지만
벽은 이미 다 하얗게 칠해져 있어

허공에 빚어진 무수한 주름처럼
겉과 속이 모두 비어 있는 비유가 좋다
맘에 드는 아이에게 있지도 않은 걸 꺼내 자랑하는 아이처럼

빵집 하나로 동네의 냄새가 달라지듯이
빵집이 사라진 자리로 동네의 냄새는 달라지고

죽어서도 살아서도 알아볼 수가 있게 되어서

좋은 일이라고 말하는 네가 좋다

우리는 하얀 벽에 기대 서로를 칠하고

너를 만지면
내가 만져지는 것 같아서 좋다

이걸 네가 다 칠한 거니?

너는 다 괜찮다는 얼굴로
저편에서 이편을 바라본다

추구체

차에 치이지 않으려면 차가 없다고 생각하면 됩니다
망설이지 말고 멈추지 말고 건너가세요
그러면 어느새 건너편에 도착하게 됩니다

작은 할아버지가 돌아가신 것도 벌써 여러 해 전
아버지는 상조회사를 알아봐 달라고 한다
나는 아직 알아보지 않았다

집에 오는 친구들은 뭐라도 집어다가 쓰레기통에 넣어 주고
모두 돌아가고 나면 쓰레기통을 열어 보게 되지만

누군가 다녀갔다는 사실도
이전에 누군가 살아 있다는 사실도

비어 있다
아무것도 남아 있지 않다

이렇게 추상적이고 구체적인 사실을 어떻게 글로 쓸 생

각을 했지?

　그래 그런 증명도 있다

　모두에게서 하나로
　다시 하나에게서 모두로

　우리 안에 갇힌 모습을 보여 주는 데서 이야기는 시작된다

　이야기를 시작하기 위해서
　누가 구경거리로 태어난 사람에게서 구경을 빼앗는가

　모르겠습니다
　그게 누구인지 대체
　누가 누구에게 무엇을 빼앗았다는 건지

　시는 언제나 모르겠다고 말하게 해

문을 걸어 잠그고 있다 보면 공포는 잠긴 문에서 온다
이 안에 아직 떠나지 않은 것이 있다는 생각과 저 밖에 아직 떠날 수 없는 것이 있다는 생각에서

그래 그런 증명도 있다

피할 수 없는 비관적 낙관주의
결정론도 회의주의도 아닌 광증의 주의

시가 써지면 또 아프다고 믿게 되는 것
그러면서도 회복을 생각하게 되는 것

그러니까 시는 약이 아니고 처방전이겠지만
이것을 내밀면 약을 받아야겠지만
약사는 영원히 부재중이고 약 대신 하얀 것들이나 보러 산책이나 다니지

하얀 강아지와
하얀 고양이와

하얀 오리

그밖에 하얀 것들
자연 상태에서 같은 종에 비해 수명이 짧은 것들

잘 보이니까

내가 그것을 보면 그것도
나를 바라보고 있으니까

피해야 할 것이 되어서 미안해
이제 스무 살이 된 누리에게도
집에서 매번 까맣게 염색을 하는 아버지와 어머니에게도

차에 치이지 않으려면 차가 없다고 생각하면 됩니다
망설이지 말고 멈추지 말고 건너가세요

그러면 어느새

이렇게 추상적이고 구체적인 사실을 어떻게 글로 쏠 생각을 했지?

산책은 끝나지 않고
피아노는 빗속에 거꾸로 서 있고
서양에서 모먼트는 90초라는데

순간

너무 길다
다른 시를 한 편 쓰다 와도 될 시간

달력은 태양이 아니라
하루 종일 하늘만 올려다보던 사람에게서 시작됐을 텐데

그의 슬픔과 그리움 속에서
추상을 구체화해 보려는 불가능 속에서

모든 건 앞장에 쓰여 있지만 언제나 뒷장에서 끝이 나고

> 이미지 앞에 선 뒷모습을 상상한다
  우리 모두의 뒤를

  가장 강력한 우군이어서
  언제나 뒤를 돌아보게 만드는

  하지만 이미지는 없다고 생각하면 그만이다
  그냥 살고 싶을 때는 세상도 없다고 생각하면서 살면 된다 세상이 너를 피해 가도록

  까맣게 지워지는 낮과 하얗게 지워지는 밤

  벌써 여러 해 전에 나는 죽지 않았다
  도착하는 것보다 어떻게 돌아오느냐가 더 중요하니까
  생은 사는 게 아니라 한 번 나는 거니까

  아직 쓰이지 않았으니까

  건너편에선

모두가 하얀 것을 입고 있다

검은 것을 기다리고 있다

1029

돌다리를 건너다 왜가리를 보고 있는 사람이 있고
그 사람을 보고 있는 내가 있고
벤치에서 하모니카를 부는 할아버지가 있고

이 모든 광경에 왜가리가 남아 있고

광경을 중단하고 날아가면 되는데
그것이 여기에 가장 어울리는 미래일 텐데

일어나지 않아서

모두가 광경에 붙들려 있는 한낮

이럴 때는 죽은 개와도 장난을 칠 수 있겠다
죽어서 더욱 기쁠 것이고

처음 보는 사람에게 오래간만이라고 인사해도 된다
그러고 싶다면 그래도 된다

건너편에서 이쪽의 광경을 바라보며
우뚝 멈춰서 보이지 않는 벽을 느끼는 사람에게

보이지 않는 걸 무너뜨릴 수 있다는 사실을 알게 된 사람에게

쓰고 나면 현실은 소모된다는 것을
소모된 만큼 또 가려진다는 것을

그런 이야기를 시작해도 될까

없던 일이 있던 일만으로 될 수 없어서

하나의 이야기를 시작하려면 적어도 한 세계가 필요하니까

집을 비워 주는 것처럼
다른 사람이 곧 들어올 것처럼

시계는 멈춰 있다
알아차리기 전까지

시간이 있다

원과 영

풀밭에 앉은 사람들이 지구를 관측하고 있다

비워 둔 집에 누군가 들어와 외투를 벗고 불을 밝히고 있다

멀고 긴 빛이 뻗어 나가 선분을 이루고 있다
멀리서 보면 동그랗게 말려 있다

스프링이 오고 있다

같다

나는 어느 날 태어난 것 같다

나는 어느 날 태어나 눈을 뜨기도 전에
영원한 내리막길을 굴러 너에게 가고 있는 것 같다

나는 너를 못 볼 것 같다
나보다 네가 먼저 사라질 것 같다

네가 너를 잃어버릴 것 같다

시 말고 시적인 것만 남을 것 같다

공기의 무한한 탈각 속에서
우리는 여기에 와 보았다고 믿을 것 같다

우리는 점점 과거로만 흘러가는 것 같다
모든 잔향은 종이의 냄새를 닮아 가는 것 같다

사람은 가장 살고 싶을 때 죽는 것 같다

할 수 있는 일을 늘 망치고 싶어 하는 것 같다

우리에게 어디로든 날아갈 수 있는 날개가 있었어도
우리의 모습은 달라지지 않았을 것 같다

나는 그냥
네 가방이 아까부터 열려 있었다고 말해 주고 싶은 것 같다
다 떨어뜨리고 가방만 남았다고

떨어진 걸 다 주워 든 내가 네 옆에 있다고

나는 지금 여기에서
슬퍼할 사람인 것 같다

난지도

빛나는 강변에 모여
빛에 홀려 버린 사람벌레처럼

별과 별이 마주친다
별에 타고 있는 자들은 누구든

그것이 정말 누구든 간에

마지막 순간은 아름다울 수 있는 권리를 가진다

군중 속에서 춤을 춰도 누구의 어깨와도 부딪히지 않고 누구의 발도 밟지 못한다

너는 지상에서 약간 떠 있다
그러나 아직 공중이라고 부를 수는 없고

자전하는 축에서 발생하는 구심력은 원심력과 대비되는 개념이나 너는 행성이자 너를 도는 위성이기에 너는 너를 사랑하게 된다

> 그것이 사는 기쁨이 된다
　사람들은 너의 사랑이 예쁘고 기특해서 주머니에 넣고 다니고 싶어 하지

　그들이 사랑하는 사람을 마주칠 때 꺼내어 보여 주려고

　여기에 배울 점이 있다
　여기에 내가 본 중 가장 예쁜 사랑이 있다

　이것이 내가 되고 싶은 무엇이다 너와 내가 하고 싶은 무엇이다

　우리 하자

　이것이 사랑이라면 이것을 하고 저것이 사랑이라면 저것을 하고

　이것도 저것도 아니라면 우리 그냥

하자

하늘에서 폭죽이 터져 세상을 밝힐 때
다가오는 폭발에 서로의 얼굴이 같은 빛으로 물들어 갈 때

지금이 우리가 마주하는 마지막 얼굴이에요
당신이 평생 떠올릴 만한 기억이에요

그러나 눈을 뜨면 우리는 아직 여기에 있다
쓰다듬은 개가 가지 않고 쏘아 올린 폭죽은 아직 공중에 머물러 있고

이 멈춰 버린 세상에서

나도 사랑의 산물이다
나도 사랑의 산물이다
나도 사랑의 산물이다

우리가 움직이면 누군가는 그림을 처음부터 다시 그려야 할 테지만

너는 웃으며 무언가를 말하고

아직 모두 멈춰 있는데
개의 꼬리가 다시 흔들린다

수용체의 사랑이 재수용되고 있다

봄날

너는 봄날처럼 나를 모르는 것만 같다
밤중에 바깥에 내놓은 빵들에 눈길이 가는 것처럼
세상에 없던 허기가 생겨서 세상을 떠날 일만 남게 되는 것처럼

서로를 알고도 모르는 척하는 날에
거리에 누워 잠든 사람을 가만히 서서 들여다보다가
하루가 가고 이튿날 몸은 젖지 않았는데 영혼만 젖어 들어갈 때
말려도 마르는 게 없을 때

너는 나를 봄날처럼 모르는 것만 같다
너는 봄날처럼
비 맞는 모든 사람들의 머리에 우산을 씌워 줄 수는 없고
비 맞은 사람들은 언제부턴가 우산이 되고

그럴 때면 먼 곳을 생각해
생각보다 먼 곳 그보다 먼 곳
너무나 멀고 멀어서 먼 곳에서 생각하는 네가 까마득

하게 멀어서
  다시 돌아올 수 없을 만큼 먼 곳을

화가가 그림을 다루듯이 악기가 음악을 다루듯이
나를 다루는 너는 나를 모르는 것만 같다

안 해도 된다고 하면 해도 된다고 대답하는 너는
말하지 않는 사람에게 귀를 대어 보는 너는
거짓의 옷을 벗기고 벌거벗은 거짓을 보는 너는

  입술을 뜯은 자리에 자라나는 입술처럼 수천수만 겹으로 돌아가는 셔플처럼
  아무리 닦아도 지워지지 않는 얼룩처럼

  봄날처럼

너는 나를 모르는 것만 같다

  네가 있다고 믿는 너는 지금도 너를 보고 있다는 너는

너희는 서로 탄생하라
외치고 또 외치고 있는 너는

봄날처럼 봄날이 아닌 것처럼 봄날이란 건 있기도 없기도 하다는 것처럼
네가 믿는 세상의 끝 봄날
우리는 잘못하면 지옥에라도 가지 너는 어디에 갈까

비 오는 봄날
우산이란 우산은 모두 부러져 버린 봄날

네가 나를 완전히 모르게 된 봄날을 기다려
언제나 감정에서 감정적인 것을 향해 흘러가던 하천의 오리들

말린 것이 오래 가는 이유

봄처럼 봄날처럼
날처럼 서서 신이 나는 봄날에

사모바르

— 에게

개를 쓰다듬고 있는 사람인 줄 알았는데
가까이 가 보니 사람뿐이었다

매번 같은 슬픔에 빠질 수 없다는 슬픔
생각해 보면 지금껏 늘 그랬던 것 같기도 하고
참 신기하기도 하지

사람을 웃기려고
사람이 얼굴을 구길 때

그것은 사랑을 견딜 수 없는 마음
엉켜 있어도 언젠가는 풀리고 마는

멀고 먼 곳에 두고 와도
나보다 먼저 여기 와 기다리는 너를

다시 버리려고

접시에는 생각보다 많은 물이 담긴단다

네 생각이 어떻든

네가 누구든
무엇을 바라든

천국이든 지옥이든
만나면 감사하다고 인사할게요

원영영원

구멍 뚫린 상자에 계속 들어차는 게 있다
넘실대다가 사방으로 쏟아져 내리는 게 있다

흘려보내는 동안에는 구멍이 가득 차 있다고 볼 수 있지만
상자는 언제나 가득 참과 초과되는 순간을 넘나들고 있었으므로

그러나 구멍으로 무언가를 계속 흘려보내면서
사방으로 넘쳐흐르는 이 상자의 상태를 어느 순간으로 규정해야 할까

어느 한순간 생각을 멈추면 상자는 모서리가 말끔하고
어느 한순간 생각을 멈추면 상자는 모서리가 젖어 있고

멈춘 생각을 뽑아다 상자에 붙여 놓고
이 상태를 유지하기를 혹은 영원히 벗어나 주기를

바랄 수 있을까?

> 상자한테?

이것은 구멍이 하는 말이다
구멍 뚫린 구멍이 하는 말이다 구멍 뚫린 구멍이 구멍 뚫린 구멍에게 하는 말이다

뚫린 구멍으로 무수한 구멍이 하는 말이다

너는 정말 구멍이 많구나
온갖 구멍투성이야

그렇게 많은 구멍을 가지고 지금껏 용케 살아왔어

이 모든 것은 나중에 슬픔이 될 거다
너는 계속 뚫리고 마는 구멍이니까 모두 너를 노리고 네게 달려들 테니까

슬픔만 있고 아픔이 없는 구멍에게 소원이 있다면
차라리 아픔을 영원히 느낄 수 없을 거라는 약속을 받

아 내는 것

　진짜 슬픔만 있을 거라는 약속이 있는 것

　언제 어떻게 찾아올지 모르는 무엇에 전전긍긍하기를 멈추고
　몸이고 밤인 세상을 견디기를 멈추고

이렇게 흘려보내는 구멍이 되어 구멍까지 흘려보내는 것

　하지만 상자에 뚫린 구멍을 상자가 아니라고 말할 수 있을까?

　언제까지 그럴 수 있을까

　지금도 계속 들어차는 게 있는데
　피부는 모두 사라지고 찰랑거리는 부피로 남아 허공에 떠 있는데

터지고 나면 아주 잠깐 유지되는 형태가 되어
영원히 열려 버리고 말 텐데 터져 버리고 말 텐데

너희를 세상에 영원히 잠기도록 할 텐데

그래도 상자는 다시 떠오르고
바닥에 엎어져 영원히 구멍을 쏟아내는 모습으로

그때 우리는 이 세상이 얼마나 오래되었는지 알 수가 없게 될 것이고

구멍이 몇 개 뚫렸는지 알 수 없는 구멍이 되어
구멍으로 드나드는 중에 사랑 아닌 게 없다고 말하게 될 것이다

열어 둔 문을 두고
열려 있는 구멍으로 다니며

또 구멍 뚫을 상자를 준비하세요

> 사랑을 준비하세요
  사랑을 준비하세요

  이렇게 말하게 되는 건 상자일 수도 상자가 아닐 수도
있지만

  너는 몸이 처음이라

  구멍을 찾아다닌다

더블

검은빛 안에 앉아 있었다
바다를 건너 태풍이 온다고 했는데

오기로 한 날에 오지 않았다

지구에 살면서 별자리를 가지듯이
떠나온 자리마다 푸르러지는

춤추고 노래하는 전희 세계가 있어
멀리서 봐야 아름다운 우리의 집이 있어

불을 켜면 별이 되었다가
불을 끄면 돌이 되는

불가능한 도박
숫자가 없는 주사위

더 멀리 던져져서는 돌아오지 않는다
더블이라고 외친다

떠오르는 공

꿈에서

나는 없어진 티브이

쇼에 나와서 활짝 웃고 있었다

나는 네가 알게 된다면 웃을 만한 일을

많이 알고 있었다 그것은 지금껏 슬픔이 너를 쓰러뜨려

왔으니 이제는 네가 슬픔을 향해 쓰러질 차례라는

뜻이고 하지만 만약 슬픔이 너를 받아

주지 않는다면 네가 떠올리는

슬픔의 이미지가 침대가

아니고

바위나

칼이나 지압 슬리퍼여서

너를 아프게 한다면 아니면 겨울밤

잎사귀여서 떨어지지도 못하고 너를 무한한

쓰러짐의 연속에 놓아둔다면 그래 그 정도면 분노의

힘으로도 살 수 있겠지 떨고 있는 슬픔을 문처럼 열어젖혀

가면서 하나의 문이 회전문이 될 때
까지 드나들면서 하나에서 하나를
지우고 상상이 시작될 때까지
무한한 음수를
향해

지워

지고 또 지워

지면서 여기서는 너와 내가

어울리지 않아서 어울릴 때까지 꿔 보는 꿈에는

언제나 해가 떠 있었다 잠에 들 때에도 잠에서 깰 때

에도 언제나 무정란의 노른자처럼 바로 닦아 내지 않아서

긁어내야 하는 빛 그런 오후에는

테라스가 있는 술집이 어울려

어느새 나는 감쪽

같이

네가

되어 있어서

테라스는 이미 만석이라는데
어쩌죠 저는 어디든 좋아요 정말 그곳이
어디든 없어진 티브이 쇼라는 건 사실 처음부터 없었고
이것도 꿈이 아니지만 이런 꿈은 나 꾼 적도 없지만
오늘은 그저 배달받은 피자에서 머리카락이
나오고 식당에서 꺼낸 수저에 고춧가루가
말라붙어 있던 날이지만
나는

여전히
살아 있는 채로 우리의
삶을 다시 원하고 그건 너도 마찬가지여서
내가 너라면의 주어가 나라서 이건 시집에 가고 싶어
하지 않는 시라서 자기가 시인 줄도 모르는 시라서
이 페이지는 찢어지지 않고 다음 페이지의
영원히 먼 배경이
된다

이 시의

독자는 시를

읽지 않겠지만

이 시집은 다 읽고 나서 한 번 안아 보기에

좋다고 한다면 그것이 사실이라면

그렇게 말하는 것이 이 시에

마지막으로 남은

방향감이

다

애프터눈

여기부터는 애프터눈

모든 것을 준비해 둔 채로 처음부터 다시
그러나 마지막이라고 해서 남은 것이기만 하겠습니까

먹기 위해서 배가 고프다
오랫동안 조립을 참아 온 기계의 서정이 있다

식탁 위는 아니고 그렇다고 식탁 아래를 드나드는 아이들을 교육하기 위함도 아니라서

아이들이 없습니다
이 시에 아이들은 등장하지 않아요

앞으로도 그 앞으로도 그 앞의 앞으로도
앞으로는 그러지 않아야겠지만 그러고 마는 게

다음입니다
하나의 획이 영원히 탈락해 서 있는 모습을 한 사람입

니다

   그런 건 아무래도 좋아요
   무엇이 슬픕니까 혹은 슬프지 않습니까

   돌아서면 정말 그 자리에 남아 있을 거라고 믿는 게 가능합니까

   기계는 결괏값의 송출을 지연시킨다
   이것은 기계가 놓친 손이다

   손에는 손이 들려 있고 그 손에도 손이 들려 있고 그 손의 손에도 손이 들려 있어서

   손을 들여다보는 사람이 있습니다
   손에는 눈이 있고 코가 있고 귀가 있고 입도 있어서 사람이 없어도 살지만

   사람의 프로그래밍은 오류를 고치는 데서 시작된다

\> 정말로 슬픔이라고 불러서 슬픔이라면

먹으면 배가 고프게 될 거잖아요
불쌍하게 생각하지 마세요 세상에 놀러 왔다고 생각하면 그걸로도 한세상입니다

먹으려고 사는 건 아니잖아요

기계의 교양은 사람과 함께 살기 위함이 아닙니다
마지막으로 남은 전류를 절연체로 흘려보내며 가만히 메모리를 쓰다듬어 주는 사람의 마지막을 바라는 것이 아닙니다

기계가 기계화를 꿈꾸고 있다

너는 잠에서 깨어나 얼굴을 감싸 쥔다
애프터눈의 빛이 두 손에 가득 고여 있다

그것은 차갑고

끈적하며

어두운 이미지다

검은빛에서

이것은 나무에서 내리는 물
사실감을 벗어나는 음악

너의 사랑은 얼마나 깊니
얼마나 떨어져야만 만날 수 있니

불쌍한 프란체스카를 구원하소서*

바닥에 발이 닿는 꿈
그것이 서러워서 한참을 울다 깨면
창밖에 내리는 눈

겨울이구나
너는 이제 언제나 만날 수 있는 사람이구나

모두 처음 만날 기회를 잃었군요
검은빛에서 검은빛으로

검정 속의 검정을

타지 않는 빛을

눈 내리는 밤
너무 밝은 가로등을 수리하는 사람들

사실은 하나
그보다 많으면 하나도 많겠지만

검은빛이고 싶어

살을 만져 보면
절반은 비어 있다

* 2014년, 먼 바다에서 안산으로 돌아온 사람들은 안치실이 부족한 장례식장에서 사흘을 다 보내기가 미안해 반나절이나 하루마다 교대로 장지나 화장터로 떠나며 울었다. 떠나는 상주가 들어온 상주의 어깨를 두드렸다. 나는 연고가 없는 사람으로 그곳을 다녔지만, 이제 무엇도 명확히 기억나지 않는다. 다만 가끔 이 노랫소리에 잠에서 깬다. 그래서 쓴다. 그런 일이 있었다고.

기억과 상실의 모형

노르웨이 영화

너는 먼 곳에서 무언가에 몰두하고 있다
너의 쓰임을 찾고 있다 너의 이야기들이

세상에 깃들길 기다리고 있다 신청곡을 써서 보내고 함께 들을 순간을 기다리지만

중요한 건 모두 죽어서 온다
괴물 다음의 괴물처럼

마음에 따라 크기를 다르게 그리던 시대가 있었대
이제는 돌아가는 길이 더 멀구나
사람들은 같은 비극을 다시 겪는구나

너와 나는 근사하구나

그래도 그때 우리는 꼭 만났는데 어디로든 숨어들어서
삶을 향해 저절로 나아가는 사람들을 보면서

이제 연말이구나

자꾸 생각이 나 내가 기쁨이었던 일
그리고 슬픔이 되었던 일

그것이 나의 유일한 감산식이 된 일

내가 이렇게나 잘하는 걸 네가 못 봐서 아쉽기도 하지만
이 첫눈을 함께 볼 수 없어서 다행이기도 하지

그거 알아? 사람은 저마다 신을 가지고 있대 마음은 너를 보살피는 신을 지켜 준대

하지만 나는 신을 놓아주고 싶다
신에 대한 이야기는 이제 정말이지 하고 싶지 않아

당신은 천사의 시를 쓰는군요 천사에게서 무엇도 빼앗아 가지 말아요

그들이 당신을 빼앗아 가기 전에

나는 너를 가장 크게 그려 두었다

사라지더라도 희미해지지는 않는 것 인도할 수 있지만 함께 갈 수는 없는 것
  인간과 세계는 세계와 인간과 포개어지지 않는다는 것

너는 네게서 더욱 벗어날 수 없게 되었다

저는 첫눈보다 마지막 눈이 더 좋아요
나중에 알게 되니까

그것이 마지막이었다는 걸
마지막은 이토록 초가시적이라는 걸

그때 카메라를 든 사람에게는 카메라를 든 사람의 슬픔이 있고
  슬픔으로 반복되고 싶은 사람이 있고
  마음이 내 마음 같지 않아서 밤새 뒤척이다가
  의인화에 성공하는 사람이 있고

> 이게 내 어제야 하고 내민 사진에는
물에 나와 마르기 시작한 사람의 모습

시간은 마침 저녁 6시고
걱정이 없는 내 고향 티비처럼
살림과 살림망처럼 물가에 매달려서

그물은 왜 바람에 날아가지 않지 생각하다가
따듯한 이불과 함께 눈 속에 조난당하고 싶은

다리가 아픈데 다리가 아픈 것이 아니라는 의사처럼
납득하지 못해도 결국 아프지 않게 되는 다리처럼

길에 나와 떠다니는 구름을 보고
저건 정말 양 같구나
하얀 강아지의 등허리 같구나

아무것도 모르게 되는 것처럼
나를 잊어버린 강아지가 방문 앞을 서성이다 우는 것처럼

연기가 가리키는 하늘과 하늘이 되어 사라지는 연기

  너는 더욱 네가 되었다

  시계가 거꾸로 가도 우리는 시간을 셀 수 있고 신이 깃들면 그것도 신이 되고
  죽음에 가까운 삶은 어느 쪽으로 이해해야 할까
  불가능성에서 가능성이 생긴다고 나는 믿지만

  어제의 몸은 여전히 오늘을 살고
  중심은 여전히 주의를 지우고

의미란 건 정말 의미가 없네요

  팔을 다치면 손톱이 자라지 않는 것처럼
  나의 순서는 언제나 기쁨에서 슬픔으로 향한다는 것

  이런 날에는 우산도 젖어 찢어지고 우리는 증명하지 못하는 증명사진처럼

자꾸 어느 한 명이 되려고 한다 강아지야
꼬리를 흔들어야 흔들리는 거라면 흔들지 않아도 돼 이것이 모두 네 이야기는 아니지만

너는 더욱 중요해질 것이다 적어도
아무리 적어도 시가 되어
산 사람보다 죽은 사람을 더 많이 보고 잠드는 날들

시인은 손잡고 가는 자가 아니고 너를 사랑해서 앞서 가는 자니까
너는 네가 사랑하는 사람의 손을 잡는다

이 한 문장을 읽는 동안 7.2명이 죽고 25.2명이 새로 태어나지만
보다 살아 있어서 보다 죽을 수 있는 우리의 사이
무엇 하나 남기지 않으면서 남는 사람들

아직 쓰이지 않은 것을 인용하면서 너는 여전히 무언가가 되려 하지만

> 가 본 적 없는 노르웨이처럼
처음 보는 영화처럼

나는 너를 다시 사랑하고

아포스티유

혼자 팔짱을 낄 때 손은
어떤 모양을 해야 하는 걸까

아무도 알려 주지 않은 것들

이를테면
늙고 병든 독재자도 밤이 되면
어린 시절로 돌아가
새근새근 잠에 든다거나

그와 내가
같은 꿈을 꿀 수도 있다는 것

한 문장을 얻어 보려고
습작을 하는 시인의 책상도
가끔은 비워지게 된다는 것

그냥 살고 있는데
귀국한 지 얼마 안 되셨나 봐요

한마디를 듣고야 마는 이유 같은 것

종지를 빚을 때도 철학이 있다는
젊은 도예가의 빛나는 눈을 보면서

백자가 빛의 존재를
더욱 잘 증명하는 것은 아니지만
하얀 동물들은 모두 죽어 책상을 떠나갔지만

그래서 시인은 평화주의자도 아니지만

어느새 눈앞에 떠 있는
영원한 멈춤의 신호등

나는 귀국한 지 얼마 되지 않았다
그를 안심시켜야 하므로

사람의 영혼이 눈에 있다고 믿는 것처럼
나만 알고 있는 손의 영원한 행방처럼

귀리와 콩 감자와 호박

 멀리 떠난 사람이 보낸 편지에는 우리와 다음과 하자는 말이 많아서 나도 멀리 떠나온 기분이 든다 잊을 수 없는 사람이 있다면 죽었다고 생각하면 된다 잘 다녀왔다고 인사하면 된다 내가 죽은 사람이 되어 귀리와 콩 감자와 호박 찢고 쓴다 찢은 일에 대해서 찢고 쓰게 될 일에 대해서 죽어서도 사람인 것에 대해서 이것은 살아서 아름다웠고 이제는 죽어서 아름다운 것 귀리와 콩 감자와 호박 된다고 믿으면 된다 안 된다고 믿어도 된다 봉투 안에서 상자 안에서 생각하는 귀리와 콩 감자와 호박 그것들의 생각 속에 들어가 안으로 무한히 열리는 문을 꺼내 두고 문을 닫았다

세 번째 새집

우리 노래나 할까요 잘하는 노래가 있어요 먼저 부르고 싶어지지는 않는
~~나는 새것을 써요 새것이 아닌 것도 쓰고~~
잘못은 비 오는 날 우산을 받쳐 들고 밖에 앉아
스티로폼 화분에 상추를 심던 사람도 외로워서 그렇구나 생각한 것
명료해지지 마 너를 감각에 참여시켜 그저 그들 중 하나로
사람이 아니기를 포기해 버린 사람으로
~~나는 새는 쓰지 않는 새거나 새지 않는 새~~
물을 담으면 물컵이고 불을 담으면 불컵인 몸으로 우린 포개질 수 있고
서로 궁금한 건 앞으로도 보지 않기로 해
어린 시절부터 나는 갖고 싶은 장난감 옆에 있는 것을 들고 오는 아이였으니까
다 가지면 다 끝날 줄 알았으니까
이번 세상에선 몸도 말도 적당히 섞어 가며 살고 싶은데
망가진 우산들이 사람도 되지 않고 일어나는 봄날에
~~새는 자리마다 새를 내보이며 새를 하고~~

우정과 환대는 내보이기가 쉽지 않고 사람만이 어두운 속을 다 들여다보고 밝히려 하고

시간이 많아서 사람은 사람을 마음대로 앉히고 일으키고 재우며

온갖 것의 집이 되어 준다 지금 당장 울 수도 웃을 수도 있으면서

~~새것은 새것을 하게 하는 새~~

이 집에 살던 사람은 다락에 자전거와 다이빙슈트를 두고 살았대

나는 그곳에 침대를 두고 자전거를 타다가

죽을 고비를 넘긴 뒤로는 물가에 자주 가지 않는다 다만 잠이 들 때면 침대 밑으로 가라앉아

불빛을 향해 간다 한 번도 본 적 없지만 켜져 있는 불빛을 향해서

그 빛을 끄려고

내가 없어서 죽지 못할까 봐 나는 자주 너에게 간다

다 살아 있어야 문제라는 걸 문제는 살아 있어야 삶을 양보하기도 한다는 걸 알았지

~~새는 새로 날지 않고 울기만 해도 새는 새 다시 태어~~

나는 새

  시인은 세 번째 시집으로 결정된다는 말을 들으면서
  시를 좋아한다고 찾아오는 사람을 멀리하라고 했다 모두에게서 멀어지는 건
  제자리에만 있으면 된다
  나는 문만 열어도 외국 같아서 바퀴 달린 의자를 사고는 다 고정해 두는 네가 이상했지만
  의자에 앉아 갈 수 없는 곳에 가려는 나를 보며 이해할 수 있게 되었지
  네가 먼저 다녀왔다는 걸
  너는 슬픔의 구획에 주차를 하면서도 선을 벗어나지 않았다
  후진과 전진을 반복하면서 영원의 선을 밟아 버린 것처럼
  ~~새로 반복되는 새가 있어 새에서 벗어나지 않으려고 새면서~~
  계속 아니라고 하는 것과 계속 맞다고 하는 것 중에 어느 쪽이 더 어려울까요
  대답에 따라 우리는 친구가 될 수도 있겠지만
  난 그보다 사랑이 하고 싶은데

알람을 맞추면 꼭 1분 전에 깨어 알람을 끄면서도 나는 사랑이 하고 싶은데

나는 아직도 주사를 맞으면 활짝 웃어요 34년 전 엄마와 아빠가 슬퍼할까 봐

불가능의 안티테제 그것은 가능성이 아니라 존재

~~새로 새면서~~

다 가지면 다 끝날 줄 알았으니까

사랑하지 않는 것은 아프게 할 수도 없어요 사람만이 부르고 싶지 않은 노래를

제일 잘 부르게 만드니까

사람이 아닌 것만이 사람을 반성하게 만드니까

언제나 몇 사람이 비는 집에서 한 사람씩을 하면서

~~눈을 뜨면 이미 날아가고 없는 새~~

오직 끝장난 사람만이 자신을 법칙 삼을 수 있고 법은 그렇게 탄생하고

야옹 해서 찾아가면 강아지였다가 네가 되기도 하는

~~울지도 날지도 않지만 그 전에 부리도 날개도 없지만 그것은 새~~

온갖 빛의 집을 누군가의 생일이며 누군가의 기일인 어

제를
　사람이 이토록 사람을 사랑한다는 걸 알려 준
　~~그리고 그것이 나를 부르기에도 새~~
　부리도 날개도 없지만
　그 전에 울지도 날지도 않지만

시드볼트*

어느 날 꿈에서 너를 마주친다면
네가 너의 영원한 편이 되어 주기로 했다는 뜻

스스로를 꼭 끌어안은 모습으로 영원히 잠들어 버린 연인들처럼

      꿈은 현실과 현실 사이에 있어
     0데시벨의 소음으로 뛰는 심장처럼
    아침부터 저녁까지 분주한 도시를 생각해

갓 구운 빵 냄새가 나고 사람들은 줄지어 열차를 기다리고
수증기 낀 유리창에 웃는 얼굴을 그리면서
형상화를 꿈꾸는 사람들

      마음은 어떻게 단단히 먹을까
        마실 것도 없이

처음 시작하는 사람도 누구나 쉽게 포기할 수 있는

그런 마음이 여기에는 더 어울리지 않을까요
우리에게는 언제나 몸보다
두 배 세 배가 더 넓은 이불이 필요하고

이불은 혼자서도
둘이서도 셋이서도 덮을 수가 있는데

      사람은 자꾸 혼자 서네요
     그것이 사랑이 아니라고 하면 사랑도
           없으니까

그때 우리는 내게서 벗어날 수 있을 테니까
시인들이 키우는 단테, 카뮈, 릴케 같은 고양이들처럼
부르기 좋은 이름이 되어
어느 나라에서든 자주 멈춰 서게 되는

    죽는다는 건 다시 살아나기 위해서가 아니라
       다시 태어나기 위해서니까
      몸과 몸 사이 잠깐의 암전으로

영원한 깜빡임으로 살고 싶은 거니까

충분하다**는 말 앞에 서고 나서야
지금껏 모아 온 것을 세어 보게 되는

영원한 목마름 ─ 왜 채워지지 않는 것을 생각하면 마실 것부터 떠올리게 되는지

중요한 것은 배고픔이 아니라는 듯이
단단한 것들 사이를 채우면서
흘러가는 꿈

그래서 계단은 언제나 내려가는 이미지
상상의 끝에는 식물원을 만들어 보는 것도 좋겠구나

습작 같은 식물원을
어느 하나 잊어버릴 수 없는 수많은 처음을

몸이 상처고 상처가 몸이어서

　　　　　　　　　알아보기 쉬운 사람을
　　　　　상처에서 무한히 일어서고 있는 몸을

여기가 아직 지상일지 궁금할 때면 라디오를 켜 보곤 해
그거 알아?
93.1메가헤르츠에는 당신의 밤과 음악***이 있다는 거?

유무를 무유로 바꿔 부르는 것만으로도
문은 조금씩 열리고 마니까

　　　　　　　　그게 영원한 문의 슬픔이고
　　　　　　　　　슬픔의 영원한 문이니까
　　　　　　　　납득할 수 없을 때가 되어서야
　　　　　　　　　　새로움은 시작되니까

나는 너에게 가려고
매일 너에게 가는 길을 지나친다

　　　　　　소리는 0데시벨 이하에서 끓는 이미지

중요한 것은 목마름도 아니었다는 듯이

* 식물 종 다양성 보전을 위해 식물의 씨앗을 수집하고 보관하는 시설로 시드뱅크와 달리 식물 종이 멸종하기 전에는 씨앗을 꺼낼 수 없도록 되어 있다.
** 비스와바 심보르스카.
*** KBS 클래식 FM.

채석장

마음에는 또 무슨 일이 일어났기에
꿈에서 시인이 된 네가 공원 계단에 앉아 낭독을 하고 있어서
나는 계단 너머로 가지 못했다

죽어서도 끝나지 않는 의인화로
전화기에 대고 곧 들어가겠다고 말하는
당신은 내 친구 같은데 벌써 아이가 있군요
빈집은 앞으로도 늘어날 예정이군요

따듯한 겨울과 시원한 여름 사이에서
인간은 언제나 불가피하고 그것은 살기에 좋은 조건이 되고

누군가는 영원한 미래를 꿈꾼다지만
나는 적합한 미래를 원한다

사람이 낼 수 있는 가장 큰 소리는
목소리가 아니라는 걸

너는 어쩌다 우리보다 먼저 알게 되어서

수직에 등을 대고 영원히 미끄러지고

볼수록 점점 알 수 없어지는 달걀처럼
가장 먼 곳에 너를 세워 두고 싶다

처음 보는 것을 너와 함께 보고 싶어서
돌이 되어 이별할까 흙이 되어 이별할까 고민하며

죽은 기억 죽이면서

행하지 아니함으로 행하지 않을 수 있는 것은 없어서
세상에서 가장 작은 얼룩도 글씨를 쓰고 책을 읽는다

걸레가 종종 휴지로 대체되듯이
너도 네 부수적인 속성 덕분에 더 오래 살 수도 있을 테지만

그렇다면 대체는 무엇으로 대체하지

아픔은 하나가 되기에 충분하지 않은 것
기쁨도 슬픔도 모두

우리에게는 언제나 뒤집어 둔 패

이 세상의 공사장은 모두 공사 중이다
채석장에서 아직 처음의 돌이 발견되지 않았듯이

그래도 마지막 돌의 존재는
모두가 이미 알고 있듯이

우리는 천천히
아주 오랫동안 바닥을 만들고 있다

다시 튀어 오르지 않을 영원의 침대
협탁의 꺼진 조명 속으로

무엇도 결정하지 않은 채 속이 텅 빈 하나의 타원

영원을 부수는 물질의 유한함으로
너는 먼 기억 바깥에 서 있다

깨지기에 좋지만 깨지지 않아도 좋다
둘 다 하지 않기에도

좋다

네가 넘어져도
그것은 서 있을 수 있다

살아야
죽을 수 있다

여름에서

여름은 녹지 않는 얼음

얼음이 향하는 얼음의 바깥
거꾸로 자라는 얼음 나무 숲으로

녹지도 얼지도 않는 얼음
깨져도 깨지지 않는 얼음

지상에도 지하에도
하나씩은 굴러다니는

얼음에서 내리는 눈
그것은 여름에서 여름으로

너는 나의 공간화다

눈이 와서
눈을 볼 수 없었다

에스키스

불을 끄고

      빛이 순차적으로 드는 공간을 마련하세요

            보이는 대로 읽으세요

한낮에 불빛을 하나 더 치켜드는 방식으로
남아 있는 어둠을 밝혀 보여 주는 다정함으로
응결되는 빛이 내리는 결정
이제 너에 대해 이야기할 때가 되었다
바로 그 빛의 결정 — 프랙털의 대화: 내가 있는 풍경을 네가 있는 곳에서 보는 것
이제 너에 대해 이야기할 때가 되었다
허공과 선이 그물만은 아니지만 거기에도 잡히는 게 있듯이
나는 이제 낮에 시를 쓴다
밤은 아픈 사람에겐 너무 긴 시간이라서
이런 말은 너무 직설적인가? 하지만 직선은 언제나 휘

어 있다는 거
 이제 너에 대해 이야기할 때가 되었다
 알잖아 나는 자주 실패해 왔지만 사람들을 한곳에 모으는 일엔 기어코 성공하곤 했다는 걸
 쇼는 언제나 그다음이라는 걸
 이제 너에 대해 이야기할 때가 되었다
 어린 내게 시는 못 쓰고 합평은 잘한다던 사람이 있었단 이야기 한 적이 있었나
 그는 이제 죽어서 이 세상엔 없고
 나의 책엔 한 장이 부족하게 되었다 하지만 없는 그를 더욱 잘 떠올리게 되었지
 멀리서 보면 그것도 하나의 의도가 되어서
 이제 너에 대해 이야기할 때가 되었다
 나도 아니고 그도 아닌 너에 대해서
 사람을 잃을 때마다 시는 시작된다 나도 모르는 곳에서부터 시작되어 온다
 책상에 앉은 내게 얼굴을 들이밀고 아무 말이 없다
 본 적은 있지만 안다고는 말하기 어려운 얼굴로
 사람이라는 추구체 감각 속에서 나는 맥락화된다 불투

명한 질료가 된다
　이제 너에 대해 이야기할 때가 되었다
　내내 흔들리고 있는 윤곽이 된다 하지만
　그때 무한은 유한에서 출발한다 그것은 이제 사는 동안 마련해야 하는 것이고
　보다 임박한 때를 기다린다 그때는 사람을 부르고 말을 하니까
　받아 적기만 하면 되니까
　이제 너에 대해 이야기할 때가 되었다
　밤늦도록 스스로를 소재 잡는 사람의 슬픔
　이사를 하고도 바뀌지 않는 비밀번호처럼 동시에 여러 문을 열고
　집에 집을 포개면서 여러 명의 내가 동시에 말한다
　이제 너에 대해 이야기할 때가 되었다
　침묵을 이야기하기 위해 쓰이는 소음처럼
　이 세계처럼
　이제 너에 대해 이야기할 때가 되었다
　그래도 지평에는 선을 하나 더 그어야지 눈 뜰 때마다 그것이 무효가 되도록

유연함은 유연함을 버티는 힘이니까 없는 것을 이해하는 건 오직

이미지 안에서만 가능하니까

이제 너에 대해 이야기할 때가 되었다

사람은 어쩌면 한 사람분의 정념을 다 품고 나면 가는 거 아닐까

다음 단계로

보다 기억에 가까운 세계로

하얀 새가 유독 많이 보이는 건 내가 하얀 새를 보기 때문일 것이고……

이제 너에 대해 이야기할 때가 되었다

그래서 이 책의 독자는 내가 아닌 것 같다

나는 그저 다녀온다 비처럼 다시 내리기 위하여

태초의 비가 지금까지도 내린다

그것이 이 세계가 가진 맛의 노하우라도 되는 것처럼

진심이 돌아올까 봐 무섭다 진심은 그런 거니까 돌아오면 안 되니까

이제 너에 대해 이야기할 때가 되었다

나를 알아보지 못하도록 나를 지나쳐 가도록

그때 나는 보다 인간적으로 슬픔을 사랑할 수 있게 될 테고

공원의 조각물들은 모두를 위해서 모두를 만족시키지 못한다

안장에 묻은 얼룩 같은 것 프레임만 남은 액자 같은 것

우리는 동시에 작동하고 순차적으로 구성되어 있는 것

이제 너에 대해 이야기할 때가 되었다

이 시는 2023년 11월 8일에 쓰이고 있으나 2027년 2월 7일에 일어난 사건을 본뜰 수 있다

그럼에도 왜 아직 속이 붉은 것만 보면 자꾸 멈추게 되는지

이제 너에 대해 이야기할 때가 되었다

조금만 기다리면 안에서 터져 나올 게 있는 것처럼

안과 밖이 뒤집히고 있는 것처럼

뒤집힌 양말에 어둠이 묻어 있기라도 한 것처럼

갑자기 터져 나오는 웃음을 참기 위해서 슬픈 생각을 하는 것처럼

이제 너에 대해 이야기할 때가 되었다

슬픈 생각

슬픈 생각

슬픈 생각

이제 너에 대해 이야기할 때가 되었다

저희가 영원히 슬플 것처럼 추상에서 구체로 구체에서 추상으로

이제 너에 대해 이야기할 때가 되었다

어두운 유리에 일렁이는 불빛 유리를 녹이지 못하는 슬픔

넘어질 수 있다는 걸 알면 넘어지지 못하게 되지

평생 넘어지지 못하면서 넘어질 날만을 기다리게 되지

이제 너에 대해 이야기할 때가 되었다

너와 나의 사이에 대해서

이것은 반복이 아니라 연쇄라는 것에 대해서

행하지 아니함으로 행하지 않을 수 있는 것은 없다는 믿음에 대해서

이제 너에 대해 이야기할 때가 되었다

현실이 정황의 그림자에 불과하다는 그리움 속에서도

어린 개처럼 갑자기 자라 버릴까 봐 네게서 눈을 뗄 수가 없고

이제 너에 대해 이야기할 때가 되었다

한낮에 불빛을 하나 더 치켜드는 어찌할 수 없음으로

이 세계의 균형을 어떻게든 흔들어 보려 스스로 저울 위에 오르는

시의 영원한 붉음 — 영원한 수정의 역사 속으로

이제 너에 대해 이야기할 때가 되었다

더 어두워지는 밤을 위하여

아는 것을 더 아는 것으로

이제 너에 대해 이야기할 때가 되었다

휘어져 있는 길을 달리는 사람과 개처럼

유한에서 무한을 마련해야지 나도 사람이라는 선언이 이루어지기 전에

이제 너에 대해 이야기할 때가 되었다

바깥으로 모든 바깥의 바깥으로 동시에 열리는 문

문밖에 서 있는 네게 나를 보여 주려고

이 시는 너를 읽기 위해 쓰이고 있다고

이제 너에 대해 이야기할 때가 되었다

정말 기억이 안 나냐고 자주 묻던 너를 위해서

안다고 대답하던 나를 위해서

이제 너에 대해 이야기할 때가 되었다
너는 이제 친구도 아니게 되었지만 나도 내가 아니게 되어서
터져 나오는 웃음을 참는다
이것은 언제나 삶이 아니라 언제나 사는 방법이니까
이제 너에 대해 이야기할 때가 되었다
기억 나? 형태의 프랙털 기억, 안 나? 형태의 프랙털,
프랙털,				프랙털,				프랙털,
춥다 오늘이 벌써 입동이래
나는 네가 천천히 자랄 수 있도록 오래 바라보고 있다
이제 너에 대해 이야기할 때가 되었다
지금 이룰 수 있는 일을 나중에 이루어 보려고
이 시를 쓰는 동안 또 하루가 지나 2023년 11월 9일이 되어 버렸지만
이제 너에 대해 이야기할 때가 되었다
이것은 마치 원래부터 여기에 있던 것 같다
오래 살아 있던 것 같다

인스톨레이션

빛은 비추는 걸 보게 한다
내가 진정 두려워하는 것은 빛이다
사물을 분간할 수 없게 되어 버리기 때문이다*

네가 나를 안으면 너도 내게 안긴다

말 없는 노래처럼
직전의 감각
다시 고요 속으로 돌아가 숨을 고를 때까지

아무도 모르게 섞이는 피처럼

고요도 고요가 아니게 될 때까지
고요였던 적도 잊을 때까지

슬픔에는 젖을 수 없어서
슬픔에 젖는다고 쓴다

믿지 않음도

먼저 믿어져야 해서

바람이 통하는 소금 벽**처럼

사실은 사실감
시간 없음의 감각을 거부하는 시간

인형은 인간이어도 인간이 아니어도 되듯이
겨울에 꽃이 피면 사람도 피고 말아

푹 절여져야 달콤한 통조림처럼
점점 가까워지고야 마는 게 있고

나는 너를 조립할 수 있어서 해체에 성공할 수도 있겠다

그건 우리가 정말
더 아는 일이다

맺혀 본 것만이 벽을 아니까

다른 건 우리를 가져가고 말 테니까

너의 얼굴을 만져 보고 싶다
나를 닮았다는 너를
그렇게 시작되지는 않았지만

네게는 언제나 기다릴 일이 생긴다

그것이 너를 안아 줄 때까지
그것이 안겨 있다

* _____
** 갈라 포라스김, 「Untitled(Efflorescence)」(콘크리트, 소금, 가변 크기, 2018).

리버스데이

생쇼하는 사람의 슬픔
깨지고 나면 다음은 오겠지만
순서대로 머리에 총 맞으러 들어가는 소들처럼 종교를 위해 대신 죽는 신들처럼

충분은 불충분 현실은 비현실
반대로도 가능한 기러기와 토마토처럼

화원이 없다면 세상엔 더 많은 꽃이 피었을까 블록이 블록이기도 하듯이
끓는 물과 끓지 않는 물 중 사람을 더 많이 해한 쪽을 셈해 보듯이

상처는 감각의 지도가 된다
하얗게 표백되어 언제 어디서든 도착할 수 있는 최단거리의 사랑

가끔 사형수를 앞에 둔 기요틴의 불안이 되기도 하지만
상처를 보면 곧바로 목숨을 저울에 달아 보는 것처럼

다시 해 보려는 거야 똑같은 결말이 정해져 있다면
정말 그렇다면 다시 해 볼 수 있겠지만

나는 이 순간을 기다리고 있었어요 당신과 나의 세대가 달라지는 순간을

충분은 불충분 현실은 비현실
반대로도 가능한 기러기와 토마토처럼

악몽만 꾸는 사람보다 좋은 꿈만 꾸는 사람이 더 불행하다는 것
그때마다 사람을 위로해 주는 하얀 짐승들

아는 것을 더 알 수만 있다면 나는 몸도 마음도 다 바치겠지만

몸과 마음이 이제 와 다르지 않아
내 몸이 마음이야 내 마음이 몸이야 둘 중 하나만 가지면 다 가지는 거야

다 가져도 손에 쥐는 건 아무것도 없을 거야

손은 쥐기보단 놓아주기에 좋게 만들어졌으니까

시는 읽고 난 걸로 읽는 거니까 잔향을 맡는 거니까
믿음은 무드에 불과하니까
그런데 그 무드가 이 세상의 전부이기도 하니까

아름다움 말고 아름다운 것만 살아남게 돌이라도 던지고 싶어
조금 더 멀리 보다 더 멀리 던지는 연습을 하면서
동물들은 왜 공을 좋아할까 할 줄 아는 거라곤 계속 구르는 능력뿐인 것을

그마저도 멈추고 마는 것을
영원히 구르는 이미지를 갈망하도록 만드는 그것을

이제 영원한 멈춤을 떠올리게 만드는
지구의 다른 이미지들을

> 그게 아니라고 하면
그게 아니군요 대답하는 너를 바꿔 보려고
곰팡이에 곰팡이가 필 때까지 기다려

죽일 수 있는 건 자꾸 살리게 되니까
성탄절 밤 대로를 지나가는 구급차 소리처럼
우리가 서로에게 유전된 것처럼
우리는 알아볼 수 있을 만큼만 다르지만

다 지어지고 나면 지어진 모습만은 아니게 될 것

답이 없는 질문에 계속 답을 하는 너를 보면서

너는 누구일까
내가 알아보는 너는 대체

누구일까

머리에 총 맞으러 들어가는 소들처럼 반복은 반복으로

만 벗어날 수 있고

   충분은 불충분 현실은 비현실
   반대로도 가능한 기러기와 토마토처럼

   가능이란 무엇일까
   버스가 사라져도 남은 정류장은 무엇일까

   이제부터 이것들은 무엇일까
   여기서 움직이고 있는 이것들은

   의자에 앉아 의자의 이미지를 하고 있는 저들은
   앉아 보려 하면 어느새 일어나 나를 가만히 쳐다보고 있는 저들은

   가장 진보된 아기들은
   갓 태어나 맨 앞을 달려가는 대체인간은

   처음 사랑을 기록할 수 있게 되었을 때 사람은 얼마나

기뻤을지
   그리고 그 글은 또 얼마나 슬펐을지

   그것은 찌그러진 데서 펼쳐지고야 마는 것
   눈을 감지 마

   아는 것을 더 알 수만 있다면

   사람이 다니지 않는 길엔 개똥도 없고 사람과 동물과 슬픔은 잘 어울리고

   그것은 기러기도 토마토도 아니지만
   반대로도 가능한 것

   머리에 총을 맞아 보려고 한 줄로 서서 앞 사람의 편지를 뒤로 보내며

   묵직한 그것을 무언가 들어 있는 그것을
   사람의 생쇼를

> 멀리 던지기도 전에 이 세상의 창문은 이미 모두 깨져 있지만

창도 문도 아닌 것이 되어

너는 네가 되어
오고 있다

나는 너의 뒷모습을 멀리서도 알아본다

무언가 들어 있는 그것을

디졸브

저 종은 아직 노견이 없어
저 종은 열에 아홉은 노견이고

우리는 열에 둘은 노인이구나

어린 오리를 삼켜 보려는 잉어처럼
하지만 금방 삼켜 버린 것이 무엇인지도 잊어버리고

너무 빨리 늙어 버린 네가
이 글을 읽을 때쯤이면 너는 이 세상의 종이 아니겠지만

맛있는 것에 눈을 감듯이
감은 눈 속에 뜬 눈이 있듯이

세상은 잊지 못할 하나의 장면
난간을 만든 사람이 가장 먼저 난간에 서고

순수한 아픔이 없어서
아픔이 순수해지듯이

> 어느 한밤중 늙은 개의 잠을 보살피는 손이 있다면

그것이 개의 목줄을 쥔 손이어서
돌아오지 않는 산책이 된다면

한밤중 열린 창문이 사람이듯이
여기 희미하게 남은 사랑으로

사랑을 해야지

눈 나쁜 네가 두고 간 안경을 쓰면
더욱 잘 보이는 게 있듯이

가정회화집*

죽은 시인은 죽어서도 시를 읽어 달라고 한다
죽어서 아픈 곳은 다 사라진 것 같았지만
이제 아프진 않은지 묻지 못했고
그가 읽어 주는 시를 받아 적다가
눈을 뜨니 5분밖에 지나지 않았다
이 모든 그럼에도 나는 여전히 여기에 있고
기억 앞에서는 매번 어찌할 수가 없어서 기억 뒤에 선다
너도 사람이었다는 걸 인정할 수가 없어서
네가 사람이라기엔 나의 다름을 이해할 수가 없어서
들려? 이 영화는 숨소리까지 녹음했나 봐
물어보지만 그건 잠든 네 숨소리고
파도가 기어코 방파제를 넘어가고 말듯이
파도는 파도이지만 파도가 아니게 되기도 하듯이
영원히 돌아갈 집이 있듯이
읽지 않은 편지만이 진정 쓰일 수 있지만 진정이란 것은 세상에 없어도 되는 일이다
  책을 다른 쪽으로 넘어뜨리는 페이지가 중간이 아니듯이
  세대는 진입하기도 전에 끝나고 마는 것
  첫 번째 시집에 쓴 걸 어떻게 두 번째 시집에 쓰지 않

을 수가 있겠습니까
 더 이상 생기지 않는 거미줄을 거미집이라고 해도
 아무리 여러 겹이어도 한 번의 건축이 되는 시인의 연약함으로
 나는 너를 말하기 위해 모든 걸 말하고 말겠지만
 아니라는 말에 아니었군요 대답하는 네가 사람을 얼마나 슬프게 하는지
 너는 알고 있다
 나는 도서관이 아니라 책인데
 책인 도서관인데
 시험 재배 중인 생물인데
 겨울이면 나무로 트리나 만들면서 기쁨과는 함께할 수 없다 중얼거리지
 기억은 왜 예뻐 보일까
 오래된 건 왜 예뻐 보일까
 잊히고 사라지려고
 현실임을 믿되 가담하지 않는 것 불합리해야 겨우 선택인 것
 나는 내 인간이 아닌 것처럼 바람 빠진 풍선과 새처럼

풍선 안에서 풍선을 하는 새처럼 바람 빠진 풍선이 더 무거운 것
 그것은 열어 보지 않고 쌓아 둔 택배처럼 일종의 상자일 뿐
 이 집은 약으로도 밥으로도 기한을 지나고
 숨은 그림을 그리는 화가처럼 무엇 하나 숨기지 않은 게 없었는데
 음식이 주인공인 영화 속 악인이 되는 요리사처럼
 이미 냉동된 적 있는 것을 다시 얼리면서 엄지발가락에 사는 일의 중심을 실으면서
 앞으로 달려가거나
 넘어지려고
 파생하고 파생되려고
 둘 이상의 맥락에 참여해 보려고
 하지만 길에 사는 개를 처음 집에 들인 사람에게는 큰 슬픔이 먼저 있었을 것이고
 그 슬픔은 개에게도 처음이 아닐 것
 하지만 상의만 두 벌 있다면 하나는 바지로 입을 것
 이토록 사람은 연민으로 살지만 연민으로 죽기도 한다

는 것

　삶이 경력이라면 우리의 아이들은 다 어디로 가야 하지
　하지만 죽은 시인처럼 반복하는 사람에게 실패는 마지막도 반복되는 것
　실패의 끝이 없다고 해서
　예정 때문에
　그리고 예정되지 않은 것 때문에
　절망하는 것은 아니다
　100 안에서 1부터 99까지를 헤아리는 마음으로
　물티슈 한 장을 뽑아 들고 멍하니 서 있다가 집을 닦기 시작하는 마음으로
　한 사람의 지나침 때문에 세상은 시작되고
　그때부터 거울 앞에 서면 고개가 틀어졌다는 걸 알게 되지
　여기가 돌아온 오늘이라는 것도
　인간은 천적을 만나도 도망가지 못하고 사랑에 빠져
　잠든 문어의 보호색이 바뀌는 것처럼
　허용하기를 허용하면서
　먼저 가 금방 갈게 같은 인사들의 행방과

하늘에선 안전벨트를 풀어도 괜찮다는 소리가 하루 종일 들려오는 사람의 이야기
나의 최선이 실패할 때
나는 아직 세계에 있다는 안도감과 슬픔
아픈 곳이 없다는 게 꼭 죽은 것만은 아니지만
여기서의 5분은 이미 한참 전에 지나 버렸지만
이 모든 그럼에도 내가 있어요
내가 아니라고 해도 그건 무언가를 연상시키는 것
여전히 사람의 모습인 것
그 반대를 알지 못한다고 해도
누군가는 평생 같은 사람의 꿈을 꾼다
그 누구든 그 누가 아니든
5분이면 꿈은 삶을 이기고

시간 되면 깨워 줄게
잘 자
너의 잠이 나를 영원히 깨워 둔 줄도 모르고

* "kan kun være malet av en gal mand." — 에드바르 뭉크.

V*

뜬 눈이
감은 눈보다 어두울 때

조용히 밀려들어
사라지는 것들에 대해 이야기해야 할 때

소재를 생각한다
타기도 젖기도 쉬운 소재를

상온에 꺼내 두고
하루를 보내고 나면

무언가 묻은 얼굴처럼
더 잘 보이는 것

꼭 그런 것만은 아니지만

어린이의 손이 닿지 않는 곳에서
세상 모든 지구의 찬장에서

> 뒤집히고 있는 그것을
　다시 뒤집어 줘야 하겠지만

　처음과 끝이 모두
　마지막인 것처럼

　물로 된 터널을 지나는 불처럼

　돌아갈 집이 있으면 좋겠다는 생각을 했다
　내가 돌아온 사람이면 좋겠다는

　생각 속에서 그랬다

* Paripurna Navasana, 보트 자세.

검은 회화

그것은 어느 오래된 화장실 세면대에 놓인 더러운 비누의 길고 먼 영원이고
까마귀가 까맣기가 아닌 것처럼
모르는 걸 알 수 없어서 모르는 쪽을 따르게 되는 사랑처럼
기쁨은 선택이 아니라 선택지에 쓰여 있는 것
왼편을 바라보면 오른편으로 치우치는 감각
후보는 무엇입니까
선택받지 못한 후보의 영광은 무엇입니까
모든 걸 무효로 만들어 버리는 주사위가 있다면
그것이 네게 주어지기만 한다면
너는 그걸 던지지 않고 손에 쥔 채로 살다가 죽어 버릴 수도 있을 텐데
창가를 내다보면 너도 모르게 손을 흔들고 있는
너는 그저 슬프지 않은 한 사람의 평생을 보고 싶었을 뿐인데
미래는 입보다 흔들리는 이에서 더 잘 보이지만
너는 처음부터 흔들면서 흔들리는 사람이었고
훌쩍 떠났다가 먼 훗날

첫 전시회를 연 젊은 화가의 액자에서 노화백의 어두운 창고에서 발견되기도 했으니까

너는 무슨 놀라움을 바라서 그토록 놀라면서 살아왔을까

상상이 현실을 대체하지 못한다면 현실도 상상을 대체하지 못하겠지만

사선이 수직과 수평을 품는 것처럼

그것은 언제나 하나 이상의 방

주사위가 멈추면 이미지가 구르기 시작하니까

사람을 버리는 사람이 가장 먼저 버리는 게 자신이듯이

길가에 버스가 멈추면 네가 내리고

네 손을 잡고 집으로 돌아가면서

이걸 평생 하게 된다면

이것의 전문가가 되어 버린다면

6시라면 이르고 18시라면 무엇을 시작하기엔 늦은 시간

홀로 피어 쓸쓸하고 홀로 져서 좋은 익명의 희망곡

찻길에 모이를 뿌리는 사람과 멀리 도망하지 않는 비둘기

눈을 감고 가만히 숨을 들이마셔요

그것이 지구의 모든 냄새랍니다

과속 단속 카메라와 내비게이션의 사이처럼

누구도 놀래키지 않는 놀라움

2000년대가 1000년대를 만들듯이 네가 빠진 그것이 사랑이라는 걸

사라져야만 알 수 있고

사라져야만 그때부터 사랑이라는 걸

무영건축의 그림자처럼 더 많은 존재를 증명하면서

앞을 잘 못 보는 개가 눈을 뜨고 잠에 들듯이

사랑의 진화는 면을 많이 만드는 것

셀 수도 없는 면을 세다가 매일 지쳐 잠들고 마는 것

너는 상상을 넘어 다른 것이 되어 있다

폭격기의 마지막 한 발이 폭격기이듯이

희미하게라도 너는

희망을 한다

너는 사랑하는 사람이 있고 그건 사랑하는 사람도 마찬가지여서

끝나고도

끝나지 않는

너와의 사이에 놓여 있는 거울

하루하루 두려움과 외로움에 고통 받고 내일의 두려움과
외로움으로 오늘의 두려움과 외로움에 맞서 싸우는 삶에

영광 없으라

검은 꽃은 잘못 튄 빛 같아서
아름답고

검은 바탕에 흰 글씨

나 바다에 다녀왔어
수영을 잘해서 해변 끝에서 끝을 몇 번이나 쉬지 않고 다닐 수 있었지만

즐거워서 손발이 다 불어 버렸지만

깨어나니 나쁜 꿈이더라
수영을 할 줄 모르는 내가 젖어 있더라

그래 많이 힘들었겠다고
젖은 손으로 젖은 머리를 말려 주는 사람

너는 검은 바탕에 흰 글씨

해가 멀리 있어서 뜨겁듯이
네가 작은 못을 쥐고 있다면 세상은 너무 크고

네가 못을 해변에 떨어뜨린다면
세상은 모두 우리의 발밑에 있어

\> 내가 할 수 있는 건
사랑하는 사람과 자리를 바꿔 주는 것

그것뿐인데

오늘은 좋은 일이 생길 거라고 했지만
아무 일도 생기지 않았고

그것은 무언가 사라진 자리란 걸
가까이 마주한 눈이 하나가 되듯이

해와 달

모래 안에서
중력과 부력은 어디로 갈까

젖은 손과 젖은 머리로
검은 바탕에 흰 글씨로

\> 안녕

안녕

우리 이야기는 여기까지야

검은빛*

* 2024. 7. 1.~

검은 양 세기

저 산 너머에 모닥불이 꺼져서
검은 양의 코에 검댕이 묻었네요

오늘도 꿈에서 산책을 다녀왔습니다
집에서 멀리 떨어져 있는 고즈넉한 마을이었습니다 바다가 시작되는

깨어나 찾아보니 정말 거기 있는 그곳에서

검은 양 한 마리
검은 양 두 마리

세어 보며
시를 읽는 지금은 다시 잠들기엔 아직 일러요

그러니까 이번에는 반대로 검은 양을 재워 봅니다
한 번에 한 마리씩

세어 보는 검은 양이 되어서

> 검은 사람 한 마리
　검은 사람 두 마리

　잠옷을 입은 채로 불려 나온 검은 사람들은 어리둥절한 채로 기뻐하고 슬퍼하며

　점점 하나의 구체로 뭉쳐져
　지구처럼 거대한 물풍선이 되어 갑니다

　서로가 누구인지도 모르는 채로
　터지고 나면 우리 어디에서든 만날 수 있겠지만
　그때까지는 모두 함께 서 있겠지만

　검은 양이 잠들고 나면
　검은 사람들을 모두 돌려보내고 읽던 책을 다시 꺼내 봅니다

　그러다 문득 세상을 한 겹 벗겨 내듯이
　이 페이지의 오른쪽 귀퉁이를 접어 보는 겁니다

> 자, 보세요 저기 잠들어 있는 검은 양을

한쪽을 접어서 반대편으로도 잘 접히는
동시에 탄생하는 영원한 프랙털을

이 모든 꿈의 이전이자 이후를

저는 당신이 오기를 오랫동안 기다리고 있었어요

한 그루 나무가 다 타고 남은 검은 재와 하얀 재를 조금씩 섞어 가면서

검은 양 한 마리
검은 사람 한 마리

그리고 검은 당신

단 한 번의 만남으로 여기까지 와 버린
이제는 적이 되어 가는 과거의 협력자

> 내 것이 아닌 모든 것과
　모든 것으로부터의 나를

　저는 당신이 없는 소파 밑, 오래 닫아 둔 서랍, 종이에 찍힌 발자국, 남은 간식, 앉으라는 말, 산책 가자는 말

　영원의 도그지어

　어떤 환난과 사랑 속에서도 다시 당신에게 갈게요

검은 양털 깎기
—— Recoding Film

 언젠가 보았다. 먼 바다에서 배가 멈추면 물이 항해하는 모습을. 그리고는 목장으로 돌아와 그 모습을 떠올렸다. 우글거리는 하얀 양 떼 사이에 떠 가는 한 마리 검은 양을. 바라보면 사라지는 그것을 이어서 썼다. 언젠가는 달 뒤에 흘러가는 구름처럼 몸과 마음이 서로 거들 날이 온다고. 그것이 벌써 이천 년도 더 전의 일이다. 당신은 이제 말이 없다. 그저 풀을 뜯다 가끔 메에— 메에— 하고 울기만 한다. 간밤 꿈에 다녀온 양들도 메에— 메에— 따라 운다. 저마다 감춘 손에 털 깎는 칼을 쥐고.

기억이 상실의 양식이라면
인간은 상상하는 질료이자 상상력의 질료다

쓰인 순서

더블
원영영원
난지도
원과 영
애프터눈
리버스림버스
리부트월드
속삭이는 시
죽
홀
이마고데이
봄날
열린 해변
비바리움
~~어물결~~
구유에 담긴 시
미자나빔
검은 해변
~~응답곳~~

토리노의 새

환영의 안쪽

빵집이 사라진 자리

아는 것을 더 아세요

~~버서사~~

목차

같다

~~구원~~

떠오르는 공

~~Circumstance~~

사모바르

시드볼트

~~굽~~

아포스티유

귀리와 콩 감자와 호박

1029

추구체

에스키스

입석

노르웨이 영화
인스톨레이션
채석장
알람
검은빛에서
세 번째 새집
여름에서
리버스데이
가정회화집
∀
디졸브
검은 바탕에 흰 글씨
검은 회화
읽는 순서
흰
기억과 상실의 모형
검은 양 세기
■■■■■■
검은 양털 깎기
PASTILAND

작품 해설

순서를 바꾸고 당신을 부르며, 부단히 의미를 생성하는 시

정명교(문학평론가)

　　청년기 김현의 평론 「김춘수와 시적 변용」의 글투를 빌리자면 김종연의 시는 '시방 요동하고 있다'. 그것이 김종연 시의 요체이다. 이 요동은 그가 생성의 핵심에, 즉 생성이 일어나는 실시간의 순간과 장소에 위치하려고 하기 때문이다. '위치하려고 한다.'는 단순히 의지가 아니다. 그것은 의지의 실행에 대한 긴박한 예고이다. 그리고 의지의 실행 자체가 의지인 한 이미 스스로 생성의 운동으로 화한 의지이다. 그러니까 '위치하려고 한다.'라기보다는 '생성하고 있다.'가 더 정확한 표현이라 하겠다.

인생 계획의 파일럿 여행

 무엇을 생성하는 것일까? 시편들의 평원에서 돋아난 풀은, 그러니까 시인이 생성하는 건 문면으로 보면 사랑이다. 아니 사랑은 복수의 주체를 가정하니까 '우리'가 생성하는 것이 사랑이다. 그러나 사실은 그렇다고 말할 수 없다. 전 시집을 통틀어 독자가 끊임없이 목격하는 것은 사랑의 불가능성이다. 좀 더 정확하게 말하면 사랑이라는 행동의 불가능성이다.
 바로 그것이 이 시편들을 좌절 후의 낙담으로 비치게 한다. 가령 이런 시구를 보자.

 그것은 어느 오래된 화장실 세면대에 놓인 더러운 비누의
길고 먼 영원이고
 까마귀가 까맣기가 아닌 것처럼
 모르는 걸 알 수 없어서 모르는 쪽을 따르게 되는 사랑처럼
 기쁨은 선택이 아니라 선택지에 쓰여 있는 것
 왼편을 바라보면 오른편으로 치우치는 감각
 후보는 무엇입니까
 선택받지 못한 후보의 영광은 무엇입니까
 모든 걸 무효로 만들어 버리는 주사위가 있다면
 그것이 네게 주어지기만 한다면
 너는 그걸 던지지 않고 손에 쥔 채로 살다가 죽어 버릴

수도 있을 텐데

—「검은 회화」에서

　시집 막바지에서 시의 서두를 장식하고 있는 이 푸념은 이미 사건이 지났을 뿐 아니라 지나고도 한참 지나서 망각된 사실처럼 푸석푸석해진 느낌을 토로한다. 망각된 시간은 "오래된 화장실 세면대에 놓인 더러운 비누의 길고 먼 영원"이라는 것이다. 그 결과는 그가 생의 무대에서 "선택받지 못한 후보"가 되었다는 사실이다. 화자는 그 사실에 항변하지만 그건 "모든 걸 무효로 만들어 버리는 주사위"가 없다면 돌이킬 수 없는 일이다.

　이 시의 제목을 비롯해 사방에서 표출되는 '검음', '까망'은 일어난 사건을 무효로 만들 수 없음을 단김에 상징한다. 심지어 한 작품은 제목에서 본문까지를 까맣게 칠하고 있다.(마지막 시편으로 제목은 '검은회화'이다.*) 검정색은 시간 속에서 벌어진 좌절의 분비물이다. 그건 더러워

---

* 이 시집에는 '검은 회화'라는 제목의 시편이 셋이다. 제1번, 44번, 그리고 마지막 제49번 시이다. 정확히 구별하자면 마지막 시 제목에는 띄어쓰기가 없다. 필자의 분석으로는 첫 번째 시「검은 회화」는 문패에 해당한다. 즉 전체 시편의 내면상징도(Mise en abyme)의 기능을 담당한다. 그러나 '내면상징도'를 뜻하는 단어 '미자나빔'을 제목으로 한 시편이 네 번째에 위치해 있다. 필자의 분석에 의하면, 첫 번째 시「검은 회화」는 내면상징도의 역할에서 실패한 시, 따라서 '공허'로서만 존재하는 시다. 그래서 내용이 네모진 빈칸뿐이다. 이에 대해서는 본문에서 상술될 것인데, 이 관점에 의해서 필자는 시집의 두 번째 시「리부트월드」를 첫 시로 가정한다.

짐이고 지워짐이다. 그리고 그것이 운명이다. 이 시는 마지막에 위치한다. 마지막의 시가 서두에서 "길고 먼 영원"의 '검정'을 말하고 있다. 그러니 운명으로 귀착된 좌절을 가리킨다고 할 법도 하다.

그렇다면 이 시집은 실연을 말하는 것일까? 아마 그럴지도 모른다. '너'의 항구적인 외면, '나'를 노리개로 삼는 장난도 벌이지 않는(위 인용문의 마지막 세 행이 가리키는 것이 그것이 아닐까?) 차가운 돌아섬.

그러나 자신의 사정을 상징화하는 마음은 그 운명에 저항한다. 초기의 '히스테리 연구'에서부터 대작 『꿈의 해석』 제6장 「꿈의 작업」에 이르기까지, 아니 그 이후에도 프로이트가 상징에 할당한 일차적인 기능은 '욕구'로부터 '충동'을 분리시키는 것, 즉 신체적인 것으로부터 심리적인 것이 방출되면서 모종의 신생이 기획되는 출발점을 찍는 것이다. 상징은 완성을 가장한 위장된 욕망이다. 이 상징 때문에, 즉 출발점이 되는 순간 도달할 수 없는 목적지가 된 상징 때문에, 신생을 향한 도정은 끝나질 않는다. 좀 더 정확하게 말해, 끊임없이 새출발한다. 상징이 돋아난 지점으로부터.

그러니 저 검음이 마냥 암흑일까? 그건 무조건적인 '무'가 아니라 생성의 다발들로 눈부셔 보이지 않는 물질의 다발이다. 우리의 상식이 알고 있듯이 검정은 빛을 흡수하기 때문에 까맣게 보인다. 해석을 달리하면, 암흑은 빛들을 가득 내장한 암흑물질이다. 바늘들을 빼곡히 담은 바늘통의 열린 부분을 위에서 보라. 까맣게 보일 것이다. 그 까망은 날카로운 빛들의 다발이다.

 과연 방금 언급한 까맣게 지워진 시 「검은회화」는 제목부터 본문까지 문자들을 그 안에 내장한다. 검은 막을 걷어내면 다음 내용이 보인다.

> 이곳에 쓰이지 않음으로 더 많은 쓰임이 적힌다
> 동시의 나에게 주어졌지만 후회로 삼지 않는다
>
> 사후와 사전이 어제와 다르지 않다
> 나는 여기서 생존에 필요한 관념을 발명할 것이다
>
> 얼마간 사랑이고 그보다 더 긴 몸부림일
> 나는 반대로 적힌다 거기까지도 사람이라면
> 우리는 다시금 모색하지 않아도 되는 삶을 살 수 있을 것
>
> 영원히 멈추지 않는 상실
> 몸 얻지 못하는 슬픔
> 그래서 누구의 몸이든 구걸해야 하는
>
> 이 인간적인
> 너무나 인간적인 회화

나는 그리는 사람이 아니라 언제나 그려질 뿐이다
그래야만 또한 지워질 수 있으므로

나는 내 야경을 가장 사랑한다
누구도 데려올 수 없는 나의 정상을
무너지는 자리마다 절벽이 되어 사람을 부르는 절벽을

올라가는 것도 떨어지는 것도 쉬운 일이다
어려운 건 절벽인 것을 아는 일이다

나에게 무엇인 것들이여
나는 절벽의 절벽이 되겠다

이것이 내가 그리고자 하는 그림이다

―「검은회화」

  이 은닉된 내용은 그걸 보지 못한 상태에서 추론된 방금 전의 해석을 바로 지원하고 있다. 행동의 실제적(신체적) 좌절은 추락이 아니라 관념의 발명이라는 것, 그러니 좌절은 생을 시도하는 출발점이란 것.
  이로써 이 시집을 최초로 훑어 읽는(혹은 쓰는) 일은 독자의 편에서든 시인의 편에서든 '파일럿'의 성격을 확정한다. 그리고 이로부터 새로운 읽기(쓰기)가 개시될 근거가 마련된다.

 '파일럿'의 상태로 환원된 전개의 마지막은 은유적으로 기능하게 되며, 그 기능 변환을 통해서 '새출발'의 공간적 좌표가 정해진다. 즉 첫 번째 훑어 읽기(쓰기)의 마지막은 최종적 결과라기보다 파일럿의 위상 속에서 모의된 사건의 값으로 산출되며 이 값을 통해서 출발점의 위치가 보정된다. 두 편의 「검은 회화」, 좀 더 정확히 말해 「검은 회화」와 「검은회화」 사이에 놓은 시편들이 행하는 작업, 즉 암흑의 잔여물들을 확인하고(「검은 바탕에 흰 글씨」) 그 잔여물에서 '빛'의 분량을 모으고(「검은빛」), 검은 것과 하얀 것의 수량을 헤아려(「검은 양 세기」), 그 둘을 '다른 방식'으로 배치한다.(「검은 양털 깎기」, "검은 바탕에 흰 글씨"의 적용이라 볼 수 있다.) 이 일련의 작업은 바로 지금까지 말한 통사적 위치를 은유적으로 변환하여 새로운 값을 추산하는 수식적 절차를 실연하는 것이라 할 수 있다.

 이 보정을 통해서 신생의 위치는 어느 시공에 정해지는가? 그렇다면 어떻게 신생이 가능할 수 있을까? 여기에 불가피한 고안이 있다. '상징'의 기능은 단순히 새출발을 가능케 하는 게 아니라, 그것의 위상학적 존재성에 의해 반복적 새출발을 추동한다는 것이다. 상징은 새출발의 기점을 고지하며 스스로를 목적으로 전환한다. 그렇기 때문에 이 목적은 예고된 미지이고, 동시에 출발지에서 회로가 짜이는 기관이 된다.

얼마간 사랑이고 그보다 더 긴 몸부림일

나는 반대로 적힌다

이러한 진술은 그 이유에서 나온다. 마지막 행의 "나는 그리는 사람이 아니라 언제나 그려질 뿐이다"도 같은 얘기다. 다만 예고된 목적은 '미지'를 관통하며 변신한다. 달리 말하면, 저 기판이 단속과 우회를 거듭해 가며 자신의 회로를 생성해 나가는 것이다. 바로 그것이 "영원히 멈추지 않는 상실"을 초래하면서, 상실 안에서 '사랑'을 구출해 내는 기회가 된다. "얼마간 사랑"이 "그보다 더 긴 몸부림일" '나' 위에서 돋아날 수가 있는 것이다.

마지막에서 처음으로 되돌아가는 필연

시집의 마지막 장면이 전하는 메시지는 이처럼 의미심장하다. 우선 이 시집의 주제가 사랑인 까닭이 밝혀졌다. 애초에 화자의 움직임은 사랑을 목표로 둔 것이 아니었다. 차라리 우연히 의식을 획득한 생명이 느끼는 삶에 대한 호기심이 화자의 눈동자에서 일렁이고 있었다. 첫 시 「리부트월드」는 그 호기심을 부추기는 광경을 "무생물이 이룩하는 생물의 세계"라고 명명한다. 그로부터 시작되는 이 시집은 무생물에서 생물로, 나아가 지적 생명까지 등장한 지구 생명의 진화사를 모본으로 한 복제된 생명인 '화자'의 개별 진화사를 체험해 보는 과정으로 파악할 수 있다. 그 과정은 "이미 열려 있어서 영원히 열 수 없는 이미지"를 체험자에게 제공한다. 화자의 체험이 그의 의지 너머로 지속적으로 새로운 단계로 나아가는 현상에 대한 반응이다. 그 현상으로부터 이러한 발견이 이루어진다.

> 인지와 발생
> 포기된 과거로의 이행
>
> 이루어지는 게 있다
> 멈췄을 때 흔들리는 게 있다
>
> ―「리부트월드」에서

'발견' 이후 "사물의 물성"에 대한 믿음이 발생한다. 이 믿음의 실증들을 스스로 체험해 가는 과정이 이 시집의 가정된 형식이다. 그런데 화자가 "여기부터는 잘못할 수가 없다"라고 확신한 것과 달리, 이미 보았듯 이 파일럿 버전은 죽음으로의 추락으로 귀결하고 말았다. 하지만 이 추락은 죽음의 블랙홀로 빨려 들어간 것이 아니었다. 사건의 지평선에서 '몸부림'으로부터 '사랑'이 분리되어 나온 것이다. 이것이 이 시집이 보여 주는 두 번째 메시지이다.

세 번째 메시지는 이 사랑이 상징으로 작용하면서 시원

과 목적의 양 지점에 동시에 위치하고, 이를 통해 '회귀가 전진'이라는 재출발의 형식이 창출된다는 것이다. 사랑이 상징의 위치에 놓이는 일이 어떻게 가능한가? 재출발의 동작은 오로지 출발지에 대한 사랑에 의지해서만 가능하다는 것, 즉 사랑은 재출발의 유일한 근거라는 것이 사랑의 '대의'이니. 이것이 파일럿 버전이 전하는 마지막 메시지이다. 이로부터 시인과 독자가 화자를 매개로 시집을 새로 꾸려나가게 된다.

그렇다면 이 시집의 마지막은 종결부(Coda)가 아니다. 여기엔 도돌이표가 붙어서 중간 지점을 형성한다. 여기에서 들뢰즈의 '반복후렴(Ritournelle)'을 상기한다. '생기주의자' 들뢰즈, 즉 무엇보다도 '생성'을 앞세운 들뢰즈는 '탈영토화'를 주체의 행동 수칙으로 삼았다. 그 과정이 간단한 것은 아니었다. 그는 '탈영토화-반전-재영토화(재영토화-반전-탈영토화)'의 반복 속에서 차이가 끊임없이 생성된다고 보았으며, 이를 수행하는 과정 전체를 '반복후렴'이란 용어로 압축했다.* '반복후렴'의 사전적인 의미가 삶의

---

* 질 들뢰즈, 펠릭스 가타리의 책 『헤아릴 수 없는 기관들(Mille pateaux)』에서 '리토르넬로(합주와 독주가 되풀이되는 악곡 형식)'는 별도의 장으로 풀이되어 있으며, 여러 번 되풀이되어 강조되었다. 프랑수아 주라비치빌리는 리토르넬로의 작동 절차에 대한 가장 명료한 청사진을 제공하고 있는데(François Zourabichvili, Le vocabulaire de Deleuze, Paris: Ellipses, 2004, pp.74~76.), 그것을 다시 압축한 게 본문의 "탈영토화-반전-재영토화(재영토화-반전-탈영토화)"이다.

보편적 양상으로 전의된 것이다. 이 전의를 통해서 인류의 삶은 그 자체로 쉼 없는 '요동 도중'의 궤적 안에 놓이게 되었다. 탈출과 재귀, 되풀이와 차이의 '영원회귀'가 생의 묘판이 된 것이다. 요컨대 반복후렴으로서의 실존에선 "반복이 근원적 차이를 발생시키는 힘"으로서 "근원적 차이의 단계를 구성"*한다. 이로 인해 영생이 약속된다. "예술가는 되풀이하기 때문에, 늙지 않는다."**는 것이 들뢰즈의 격려이다.

그런데 이 황홀한 구원의 예고는 근본적인 물음 앞에 직면한다. 도대체 이 반복을 가능케 하는 근거는 무엇인가? 이 의문에 대한 일차적 대답은 이미 앞에서 제출됐다. '사랑'이 그것이다. 존재한 것, 아니 겪은 것, 그리고 함께 겪은 이에 대한 사랑이라는 것이다. 그것이 반복의 회전력을 가속시키는 불이라는 것이다. 이때 사랑은 '대의'로서 제시되었다. 다시 말해 사랑은 '정언명령'이다. 명령은 자발성을 요구하지만, 자발성은 명령의 대척지에 있다. 초자아의 지대에 놓인 것을 여하히 자아의 지대로 내릴 것인가?

이에 대한 들뢰즈의 절묘한 대답은 이 영토(territoire)

---

* Gilles Deleuze, 『프루스트와 기호(Proust et les signes)』, Paris: PUF, 1996(1964), p.64.

** 같은 책, 같은 페이지.

왕복을 일으키는 근원에 대한 통찰에서 비롯된다. 왕복의 핵심은 영토를 뺏고 뺏기는 전쟁이 아니라 대지(terre)를 향한 숙려(熟慮)라는 것이다. "대지는 영토가 저도 모르게 그쪽으로 기울어지는 내면의 고향으로서의 가치를 지니면서, 동시에 바로 그렇게 이해됨으로써 영토를 무한히 밀어내는"(주라비치빌리의 요약) 역할을 한다. 온당하게 해석한다면 '대지'는 실제로 존재하는 땅, 다시 말해 영토가 아니다. 그것은 영토가 존재하는 까닭, 즉 영토의 잠재적 형상이자 영토의 진정성으로 가정된 것이다. 그렇다면 대지에 대한 영토의 숙려는 저 '사랑의 대의'와 달리 자발적인 것인가? 그렇다. 왜냐하면 그것은 자아의 존재 이유이기 때문이다. 우리가 지하 생활자의 음침한 동굴을 떠나 지상의 방 한 칸을 마련하고자 하는 까닭이기 때문이다. 그게 아니라면 우리는 왜 사는가? 대지는 영토의 이유다. 이유는 대의를 발생시키는 광원이다. 따라서 그것은 사랑의 이유, 즉 우리가 사랑하는 이유이기도 한 것이다. 우리가 저마다 우리의 이웃들과 생체험의 관계를 맺으면서 사랑해야만 하는 까닭인 것이다.

반복후렴의 존재론적 형상

김종연의 시는 '반복후렴'처럼 운동하고 있다. 그렇게

김종연의 시집은 마지막에서 처음으로 훌쩍 '순간 이동(beam)'한다. 그러나 바로 최초의 지점으로 가는 것은 아니고, 진화의 첫걸음으로부터 균열이 발생한 지점, 즉 두 번째 시 「리버스림버스」가 끝나는 자리이자 세 번째 시 「미자나빔」이 시작되기 직전으로 이동한다.

「리버스림버스」의 마지막은 파일럿 버전을 통해 실험한 '파쇄된 미래'로부터 귀환한 자리이고 「미자나빔」이 시작하기 직전의 지점은 화자의 활동이 자가 분열의 단계를 지나 이성(異性) 복제로 들어가는 지점이다.

그 직전, 즉 재출발이 기획되지 않고 오로지 순수한 출발만이 있던 시공에서, 그는 "아무것도 아닌 것에 아무것도 아닌 것을 덧씌우는 방식으로/ 투명에 투명을 덧대어 불투명이 되길 바라는// 대체 불가능한 자연"(「리부트월드」)의 발생을 꿈꾸었다. 하지만 막상 출발해 보니 그렇게 만들어진 불투명은 어둠과 고갈로 귀결되었던 것이다.

> 유리 너머로 차오르는 사랑의 색이 이토록 어둡단 걸
> 여기서 시작되는 밤은 영원히 넘치고 만다는 걸
>
> 처음 알게 되었을 때
>
> 소재가 고갈되었다
>
> ―「리버스림버스」에서

암흑의 범람과 소재의 고갈. "사람의 프로그래밍은 오류를 고치는 데서 시작"(「애프터눈」)하는 것이니 최초의 지점은 재출발의 자리로서는 배제된다. 그리하여, 재출발의 최초 현상으로 제출된 것이 세 번째 시 「미자나빔」이다. 제목부터가 미묘한 암시를 담고 있는 이 시는 두 가지 단서를 제공한다. 하나는 지금까지의 해석을 뒷받침하는 '귀환'의 메시지이다.

> 나를 기다렸나요 내가 돌아왔어요
> ─「미자나빔」에서

귀환의 고지는 출발지에 대한 사랑을 동반한다는 것 또한 이 시구는 가리킨다. 앞의 두 시에서 '사랑'의 표식은 보이지 않았다. 「미자나빔」에 와서야 2인칭의 존재가 등장한다. 지금까지의 해석에 근거하면, 이 사랑은 귀환의 '이유'가 필연적으로 발생시킨 행동 수칙이다. 이 사랑은 개인 간의 감정이 아니라 '대지를 향한 숙려'의 결과로 발생한 것이다. 이 사랑을 선택했으므로 화자는 대지를 떠나지 않는다. 왜냐하면 앞서 살핀 그의 파일럿 출분은 결국 "너를 찾아 오래 헤매 왔다"는 깨달음으로 귀결되기 때문이다. 깨달음은 이렇게 표현된다.

> 그래 이제 다음은 없구나

―「미자나빔」에서

    시에서 두 번 반복되는 이 깨달음은 '서사'로부터의 벗어남으로도 나타난다. "서사를 채워 본 사람만이 서사를 떠날 수 있다지"라고 화자는 말한다.「미자나빔」의 이 진술은 시집 전체에 반향할 것이다. 시 제목 자체가 그 사실을 가리킨다. 원래 가문의 문장(紋章) 한가운데 새겨진 작게 복제된 문장을 뜻하는 단 '미자나빔(mise en abyme)'을 필자는 '내면상징도'라고 번역하는데, 그 역어는 이 어휘가 전체를 암시하는 핵자라는 점을 부각시키기 위해서다.

재출발은 가능한가?

    그렇다면 '서사'가 아닌 무엇이 전개될 수 있다는 말인가? '전개'가 아닐 수는 없을 것이다. 왜냐하면 이 시집의 목적은 무엇보다도 신생이기 때문이다.
    문제는 이 시집의 생은 이미 지나가 버렸다는 것이다. 이미 시의 화자는 첫 시부터 마지막 시까지 수십 편의 굴곡 많은 사건들을 경험했다. 그리고 새까맣게 도색된 「검은회화」라는 궁지에 이르러 잘못 살았음을 알았다. 하지만 바로 그 깨달음으로부터 그는 다시 살아야 할 계기와 이유를 얻게 되었다. 그리하여 지금 지나온 생을 '파일럿' 버전으로 돌리고 v. 1.0의 진짜 생을 살아 볼 차림을 하게 된 것이다.

그렇게 돌아간 자리가 「미자나빔」이다. 그런데 앞으로 펼쳐질 시편들은 이미 통과해 간 것들이다. 만일 신생이 가능하려면 「미자나빔」 이후의 시편들은 새로 쓰여야 할 것이다. 하지만 그건 시집을 새로 내지 않는 한 불가능한 게 아닌가?

그러니까 '책 이후'의 삶은 없다고 우리는 솔직하게 말해야 한다. 여기서 '책'은 특정적으로는 이 시집을 가리키며 일반적으로는 '기억을 통해 궁글려지는 생'을 가리킨다. 지금 화자는 '파일럿'이라는 표식을 달고 한 생을 관통했다가 신생을 위해서 지정된 첫머리로 새롭게 돌아온 것이다. 한데 돌아왔지만 이미 한 번 겪은 생은 완강히 활자의 자국을 남겼고 소실될 여지를 결코 내보이지 않는다. 그건 존재의 이유이기 때문이다. 게다가 화자가 깨달은 것이 대지에 대한 숙려임을 상기한다면 존재의 이유는 결코 해체되지 않을 단단한 지반 같은 것이다.

이런 순간에 직면한 작가들이 있었다. 그중 한 사람을 참조해 보자. 마르셀 프루스트는 동네 사교계의 헛된 장난들과 그 자신 어울리지 않는 여인과의 헛된 사랑을 경험하는 긴 과정 끝에 작품을 써야겠다는 의욕을 얻는다. 그런데 그가 쓸 작품은 바로 그가 보고 겪었던 사건들 바로 그것이었다. 그러니까 프루스트는 자신의 지나간 경험을 되풀이함으로써 신생의 창문을 열었던 것이다. 그것이 어떻게 가능했는가? 다음 구절에 그 핵심이 있다.

> 존재의 죽음 후에 '시간'은 육체에서 물러가고, 그리하여 추억은 — 그토록 무관심하고 희미해진 — 더 이상 존재하지 않는 여인에게서 지워지며, 또 그 추억 때문에 아직 고통스러워하는 자에게서도 곧 지워질 것이다. (…)/ 그렇게 긴 시간이 내내 멈추는 일 없이 나를 통해 존속되고 사유되고 분비되었다는 생각에 나는 어떤 피로감과 공포감을 느꼈다. 그 시간은 바로 내 삶이었고 나 자신이었으며, 게다가 시간의 현기증 나는 꼭대기에 올라선 나를 시간이 지탱할 수 있도록 매 순간 그 시간을 내게 묶어 놓아야 했으며, 마치 시간과 함께 갈 수 있다는 듯 시간을 이동하지 않고는 내 몸을 움직일 수 없다는 걸 느꼈다. 그렇게 멀리 있으면서도 마음속에 있는 콩브레 정원에서 종소리가 울리는 걸 들었던 날은, 내가 내 안에 가진 것을 알지 못한 채로 가지고 있던 그런 광대한 차원의 출발점이었다.*

존재의 죽음을 공표하면서 존재에서 시간을 떼 내자, 시간은 죽은 존재의 경험들에 스며들어 "내가 내 안에 가진 것을 알지 못한 채로 가지고 있던 그런 광대한 차원"을

---

* 마르셀 프루스트, 김희영 옮김, 「되찾은 시간」, 『잃어버린 시간을 찾아서』 제13권(민음사, 2022), 329쪽.

열었던 것이다. 또한 그로부터 "깊이 탐색하고 규명하고 지성의 등가물로 변형하는, 그런 인상의 기억을 통한 재창조 작업"*이 전개되었던 것이다.

이때 프루스트가 특별히 집중한 것은 존재와 시간을 분리시켰을 때, 시간으로부터 존재가 벗어나는 게 아니라 존재로부터 시간이 벗어난다는 점이었다. 이런 깨달음을 얻기 전에 작품의 화자는 이런 아이디어에 잠시 빠진 적이 있었다.

> 시간의 범주에서 벗어난 순간이 그 순간을 느끼게 하기 위해 우리 안에 시간의 범주로부터 벗어난 인간을 재창조한다.**

그러나 곧 그것이 '착시'임을 그는 깨닫는다. 그런 아이디어는 부패한 존재를 연장시켜 그 존재의 고름으로 새 생명의 밥풀 왕자***를 빚고자 하는 무용한 발상에 불과하

---

* 같은 책, 324쪽.
** 같은 책, 38쪽.
*** '밥풀 왕자'란 한국의 민간 설화 속 인물 '밥풀떼기 불가사리'의 비유어이다. 설화에서 '불가사리'는 밥풀로 만들어졌고 모든 쇠를 먹어 치운다. 총칼로 쳐들어온 침공자에 저항하는 영웅의 이미지이다. 하지만 영웅이 자신의 지위를 찬탈할까 봐 두려워한 왕은 '불'에 녹는다는 밀고를 듣고 불가사리를 화염 속에 집어 넣는다.(정하섭, 『쇠를 먹는 불가사리』, 길벗어린이, 1998 참조.)

다. 중요한 것은 자신의 존재를 죽여 시간의 거름으로 쓰는 것이다. 그러면 시간이 그 거름을 삭힌 양분을 가지고 새로운 존재들을 태어나게 한다. 즉 '나'는 내가 알지 못한 채로 가지고 있던 것들을 통해 '다른 나'로 새롭게 태어나는 것이다. 이 새로운 태어남을 조성하는 것은 '나'가 아니다. 내 과거의 죽음을 몰아치며 나의 내면을 확장시켜 가는 시간이다. 생종 페르스의 다음 시구는 그런 사정을 정확하게 표현한다.

> 그러나 인간이 문제다. (…) 왜냐하면 문제의 인간은 그의 현존재 안에서, 내면의 드높은 바다들을 바라보며 동공이 점점 커지고 있기 때문이다.
>
> 그러니 서둘러! 서둘러! 인간에 대한 증언을.*

존재와 시간의 분리는 글쓰기의 차원에서는 사건과 서술의 분리로 나타난다. 서술은 사건으로부터 분리됨으로써 적확한 묘사 대신에 다면적 투사를 통해 형상의 유동성을 창출하게 된다.

김종연의 시에서 경험과 관념의 분리는 프루스트가 보

---

* Saint-John Perse, 「바람들(Les vents)」, *Œuvres complètes*(Paris: Gallimard, 1972), p.224.

여 준 사건과 서술의 분리와 상동 관계를 이룬다. '미자나빔'이라는 새로운 출발선으로의 회귀는 그렇게 작동의 근거를 마련한다. 그런데 이미 말했듯이, 그가 전개시킬 새로운 시편들의 겉모양은 최초의 시편들과 결코 다르지 않다. 그런 마당에 무슨 새출발인가?

프루스트에게서 신생의 가능성은 그가 겪은 사건들의 풍요에서 기인한다. 부패와 몰락의 쉰내를 풍기면서도 그것들에는 자신들의 부정성을 즐기는 활력이 넘쳐흘렀다. 작가가 그것을 그대로 전용하면서 그 안에 새로운 관점의 알곡들을 뿌리자, 그 관점들과 사건들이 섞이면서 다양한 화학작용을 일으킨다. 그로 인해 예기치 않게 상상의 창고가 열리면서 보석 같은 생명들이 쏟아져 나온 것이다. 그렇게 해서 이미 겪은 사건은 시시각각으로 변형되는 사건이 되고, 프루스트가 잃어버렸다가 되찾은 시간은 신생 창고의 개방을 열면서 독자의 시간을 불러들이는 것이다.

시인의 계책: 배치와 당신

김종연의 시에서 독자는 두 가지 단서를 발견할 수 있다. 하나는 시인이 시집의 말미에 적어 놓은 '쓰인 순서'이다. 이 시집의 시편들은 각각 별개의 시간과 장소에서 쓰여서 또한 별개의 시간과 장소에서 발표되었을 것이다. 그렇게 산만히 흩어져 있던 것들이 이 시집에 재배열되었다.

  그렇다면 이 시집에는 세 개의 시공간 성층이 존재하고, 두 개의 시공간 성층은 제시되었다고 할 수 있다. 그러니 독자는 최소한 두 개의 길을 통해서 이 시집을 읽을 수 있다. 이렇게 성층 간의 차이와 관계를 통해서 시집의 의미망이 새롭게 변하는 것을 느껴 볼 수 있을 것이다.

  한가지 유의해야 할 것은 '쓰인 순서'에 근거해서 시집의 현재 배열 상태를 그대로 새로운 갱신으로 여겨서는 안 된다는 것이다. 시집의 현재는 취소된 파일럿이라는 사실은 변하지 않는다. 오히려 거꾸로 집필 시공은 이 파일럿 버전을 변신시키기 위한 가능성에 가담한다. 즉 그것은 현재 상태가 확정되기 직전까지의, 시집의 있을 수 있는 모습들을 최대한 환기시키는 역할을 하는 것이다.

  가령 가장 먼저 쓰인 시 「더블」을 보자.

> 검은빛 안에 앉아 있었다
> 바다를 건너 태풍이 온다고 했는데
>
> 오기로 한 날에 오지 않았다
>
> 지구에 살면서 별자리를 가지듯이
> 떠나온 자리마다 푸르러지는

춤추고 노래하는 전희 세계가 있어
멀리서 봐야 아름다운 우리의 집이 있어

불을 켜면 별이 되었다가
불을 끄면 돌이 되는

불가능한 도박
숫자가 없는 주사위

더 멀리 던져져서는 돌아오지 않는다
더블이라고 외친다

―「더블」

현재 시집의 상태 안에서 이 시편은 매우 에로틱한 상황의 연속이자 그 좌절을 보여 준다. 한데 쓰인 순서로 보자면 이 시는 시작의 시다. 시작의 시로 보면 이 시구에서 초점은 마지막 연 "더 멀리 던져져서는 돌아오지 않는다/ 더블이라고 외친다"에 주어진다. 현재 시집의 상태에서는 "불을 켜면 별이 되었다가/ 불을 끄면 돌이 되는// 불가능한 도박"에 초점이 맞추어지는 것과 아주 다르다. 따라서 현재 시집의 상태에서 이 시편이 좌절의 한 매듭을 구성한다면, 쓰인 순서로 보면 오히려 거꾸로다. 이 시편 다음에 쓰인 시는 현재 시집에서 「더블」 직전에 놓이는 「원영

영원」이다. 현재 시집의 상태에서 이 시는 충동의 과잉을 가리키는 데 비해, 쓰인 순서로 보자면 처음으로 형상을 빚는 일의 허둥댐과 마음 여밈의 현상을 드러낸다.

이 간단한 예는 시집의 물리적 형태를 이리저리 바꾸어 볼 여지가 독자에게 허용되면서, 시집의 해석 가능성이 지수함수적으로 폭등한다는 점을 보여 준다. 시집의 마지막에 생뚱맞게 놓인 '쓰인 순서', 게다가 쓰인 날을 특정하지도 않아서 왜 놓였는지 알쏭달쏭하기만 한 그 페이지의 기능이 이토록 신선한 것이다.

하지만 더욱 의미심장한 것이 있다. 필자는 이것이 김종연의 의식적인 고안인지 아니면 한국 시의 무의식 안에서 이어져 온 특정한 태도의 특별한 유출인지 분명하게 판단할 수가 없다. 여하튼 현대 시 일반의 사정을 고려할 때 썩 독창적인 태도이다. 그 일단은 우선 재출발의 지점, 「미자나빔」의 마지막 부분에서 표현된다.

그래 이제 다음은 없구나

사랑하는 이여

지상의 다리는 이제 모두 위태로워 보입니다
내게는 아직 말하지 않은 게 남아 있습니다

집으로 돌아가기 위하여 나는

당신과 저 다리를 건너야겠습니다

—「미자나빔」에서

서사의 부정을 확인한 후, 그럼에도 불구하고 "다리를 건너야겠다"라는 태도를 표명한 대목이다. 이 표명은 '서사'가 아닌 방식의 '전개'가 이 시집의 기본 구성이 될 것이라는 선언을 1차적인 주제로 가진다. 이 큰 주제 안에 그러한 서사가 아닌 전개의 형식에 대한 최초의 단서가 숨어 있다. 인용부의 마지막 연이다.

거기에 '집'과 '당신' 두 대상이 출현한다. 화자의 회귀와 재출발의 근거가 '대지에 대한 숙려'였음을 앞에서 말했다. 거기에 기대서 말하면 이 '집'은 그가 헌신할 공간, 즉 '대지'의 다른 이름이다. 이것이 집으로 표현된 까닭은 같은 시에 표지되어 있다.

(1)
홀이라는 말에는 언제나 남겨진 한 사람이 있고
그 사람의 얼굴은 이제 알 수 없게 되었다
서사를 채워 본 사람은 서사에서 벗어나고 싶어지니까

(2)
필요한 걸 가진 사람들은 모두 지하로 떠나는군요

지하에 지상만큼의 집을 쌓아 두었어요

(1)은 '홀'의 형상과 체적으로서의 대지에 대한 부정이다. 그 근거가 (2)에 제시되었다. '홀'에 대한 집착은 사유(私有)에 대한 집착이고 '단 둘의 사랑'에 대한 고착된 갈망이다. '집'은 '홀'의 공간적 형상으로부터의 원상회복을 가리킨다. 그것은 지하에 쌓이지 않고 지상에 노출된 대지이다. 하지만 지상에 노출된 공간은 실상 폐허이다. 그러니까 진짜 문제는 지상의 원상회복을 위해 무언가 일을 하는 것이다. 거기에서 '단 둘의 사랑'은 '둘의 사랑'을 통한 집의 회복으로 변경된다. 집의 원상회복은 사랑의 이상적 회복과 동의어이다.

한데 대지에 대한 숙려가 진정한 사람의 형식임을 앞에서 보았다면, 독자는 '집'과 '당신(사랑의 동반자)'이 본래 같은 존재임을 알아차릴 수 있고, 더 나아가 집의 원상회복을 위해 당신이 대지로부터 분리되어 나와 시적 상황의 '행위자'로 출현하였음을 알 수가 있다. 상황의 행위자, 즉 '당신'은 사랑의 동반자인 '나'와 마찬가지로 "영혼의 임시 거처로 쓰일 만한 몸"으로서 나온 것이다.

이 추론에서 주목할 부분은 행위자로서의 '당신'의 출현이다.

이 사실 자체가 김종연만의 것이라 할 수는 없다. 이미 서정주, 정현종, 이성복 등의 시를 통해 저마다 특징적으로 표현된 것이고, 어쩌면 한국 시 일반의 정신적 기반이라고도 할 수 있다.(필자가 한국 시의 고유한 특성으로 '대화성'을 드는 소이이다.)

김종연만의 고유한 형식을 알기 위해 다음 시를 보자.

> 가만히 속삭이는 데서 시작합니다
> 이 시는 속삭임을 멈추지 않는 시
>
> 당신의 귓가에 대고 속삭이다가
> 나중에는 소리가 닿는 곳 모두 귀가 되어
> 어디에 입을 대도 들리고야 마는
>
> 어느새 당신은 거대한 귀가 되어
> 귀 펄럭이는 소리에 잠을 못 이루다가
>
> 어느 꿈에서 처음 보는 사람에게 이끌려 온 세상을 떠다니다 깨어나면
>
> 내가 그 사람이었구나
>
> 침대에 앉아 귀를 막고
> 지금껏 내어 온 소리를 처음부터 하나씩 다시 들어 봅니다
> ―「속삭이는 시」에서

「미자나빔」에 이어지는 시다. 「미자나빔」을 통해 사랑의 '대의'를 이해한 독자는 이제 사랑의 '속삭임'이 아니라 "속삭임을 멈추지 않는" 현상에 더 주목할 것이다. 속삭임의 '부단성'은 사랑의 대의가 목적을 달성하지 못하는 데서 오는 불가피한 반복강박의 현상이다. '파일럿' 버전에서는 이에 대한 깨달음이 없었기 때문에 최종적으로 실패하고 말았다. 재출발의 버전이 그 깨달음은 안고 갈 때, 속삭임의 부단성을 변경해야 할 책무에 직면한다. 그런데 그 책무의 이행이 얼마나 어려운 것인가? 그것은 속삭임의 의미태인 '사랑'의 도달점이 미리 형성되어 있지 않다는 인간의 숙명에 기인하는 것으로서, 프로이트가 외손자의 '포르트-다(Fort-Da)' 놀이에서 발견한 억제하기 어려운 충동을 유발한다. 프로이트에 의하면 반복강박은 '쾌락원칙'을 넘어서 가고자 하는 충동이며, '쾌락원칙'의 너머에는 '죽음'이 도사리고 있다.

그러니까 거칠게 도식화한다면 김종연의 숙제는 죽지 않고 쾌락원칙을 넘어가는 일이라 할 수 있다. 김종연의 독창성은 그 시도의 방식이다. 그 핵심은 세 번째 연에 있다.

어느새 당신은 거대한 귀가 되어
귀 펄럭이는 소리에 잠을 못 이루다가

나의 부단한 속삭임은 당신의 귀를 거대하게 만드는데,

거대해진 귀는 소리를 모을 뿐만 아니라 소리를 '펄럭'이기도 한다는 것이다. 그 순간 화자는 깨달음을 얻는다.

내가 그 사람이었구나

이 장면은 달성되지 않는 사랑이 달성의 불가능성에도 불구하고 응답을 해 오는 놀라운 광경을 보여 준다. 유행하는 SF식으로 말하자면, 사랑의 블랙홀은 저의 '사건의 지평선'에서 구애의 정보를 흘려보내고 있고, 이제는 낡아가는, 그럼에도 불구하고 여전히 강력한 해석력을 과시하는 정신분석의 문법으로 말하자면, 주체가 결코 동일시할 수 없는 '큰 타자'도 동일시의 질병을 앓는다는 것이다.

그러나 무엇보다도 상식의 언어로 말하면, 나의 행동은 상대의 행동을 통해 굴절된다는 것이다. 필자가 보기에 이것이 김종연 시의 새로움이고, 동시에 이는 한국적 정신이 무의식의 저류에 조성해 준 것이다. 그리고 또한 동시에 이는 서양의 신생극이 좀처럼 보여주기 어려운, 한국적 시 자장 안에서 도출될 확률이 가장 높은 사건이라고도 할 수 있다.

필자는 앞에서 이 시집의 반복 형식의 필연성을 이해하기 위하여 들뢰즈의 '반복후렴'을 끌어왔었다. 신생의 발생기인 이 장치에 대한 들뢰즈의 설명은 썩 다양한 '타자 되기'의 표본들을 제공하고 있는데, 필자는 그의 탁발한

설명에 탄복하면서도 무언가가 빠져 있다는 느낌을 지워 버릴 수 없었다. 그것은 '나'의 타자 되기의 반대편에서 당연히 발생해야 할 것 같은 타자의 다른 타자('나'를 포함한) 되기에 대한 사색을 좀처럼 발견할 수 없었기 때문이다.

가령 사회의 유력자인 '나'를 가정해 보자. '나'는 능력과 성실성을 보유하고 있고, 더 나아가 힘없는 사람들을 배려하는 덕성도 갖추고 있다. 그래서 나는 종종 그 사람들을 위한 봉사 활동에 참여할 뿐만 아니라 더 나아가 그들의 입장이 되어 세상을 바라보고자 하는 '역지사지'의 자세도 종종 보인다. 아마도 세상에서 이 정도의 덕성을 갖춘 사람을 찾기 힘들 것이다. 그러나 그런 훌륭한 자세마저도 결여하고 있는 게 하나 있으니, '타자 편에서 생각하기'는 되어도 타자로 하여금 '나'가 되도록 하는 일에는 결코 착안이 가지 않는다는 것이다. 내가 그가 되어 보려고는 자주 꿈꿔도, 그로 하여금 '나'가 되게 하기는 싫거나 생각해 보지 않는 것이다. 가끔 그런 상태를 막연히 그리더라도 그건 자신의 현재 지위와는 무관한 방식으로 사유된 무차별적 평등주의에 불과하기가 십상이다. 그럼으로써 '나'는 세상이 변해야 한다고 늘 생각하고 주장하면서도 세상을 요지부동의 상태로 묶어 두는 일에 열심히 종사하고 있다.

'타자되기'의 논리를 연장하면 '나'의 타자 되기는 타자의 '나' 되기를 필연적으로 촉발한다. 그것은 주고받음의 문제가 아니라 감염과 저항과 몸 섞음과 변형의 흐름이기 때문이다. 그런데도 그런 착안이 좀처럼 눈에 띄지 않는다. 또 다른 사례도 들어 보자. 자연보호주의자 중에는 자신이 태어난 곳이 일종의 자연 상태였던 사람들이 종종 있다. 그들은 원시림에서 태어났으나 문명사회에 진출해 성공한 사람들이다. 그들은 문명사회의 문제점을 고발하기 위해 고향의 장점을 내세우곤 한다. 그리고 그 고향을 개발하지 말고 보전해야 한다고 주장한다. 그러나 그의 고향 사람들은 생각이 다르다. 그들도 하루빨리 문명사회 안으로 진입하고 싶은 것이다. 이것은 노벨 문학상을 수상한 어느 작가의 얘기다.

한데 놀랍게도 한국의 현대 시는 처음부터 타자를 도발하는 기제를 스스로 품고 있었다. 필자가 한국 근대 시의 두 개의 씨앗이라고 보았던 김소월과 한용운에게서 공히 발견되는 태도다. 그들이 보여 준 시의 움직임은 근본적으로 '대화'이며, 그 형식은 따라서 '부름' 혹은 '호소'이다. 김종연의 시집은 절묘하게 사랑의 불가능성을 그 호소의 두루마리로 감싼다. 좀 더 정확하게 말해 '당신'이라는 타자가 두루마리의 바람을 일으키며 화자 '나'에게 몰아쳐 오게끔 한다. 이로부터 '나'와 '당신'은 상황을 변형하는 '대결적 동반자'로서 공생하게 된다. 그 공생의 결과는 상황 그 자체를 또 하나의 생물로 현존시켜, '나'와 '당신'의 동반 변형 게임에 참여시킨다. 그 사정이 다음 시에 명료하게 지시되어 있다.

죽은 까마귀를 봤어 해변에서 비에 다 젖은 채로 죽어 있는 까마귀를 새의 죽은 이미지를 봤어 죽은 새의 이미지가 아니라 검은 까마귀를 해변을 지나가다 봤어 멀리서 검은 게 보여서 가까이 가니 죽은 까마귀였어 이렇게 큰 새가 죽어 있으니 신기하더라 보다 보니 징그럽더라 죽은 까마귀를 보았다고 나는 네게 말하지 않고 앞서 걸었는데 너는 내게 와서 죽은 새를 보았다고 나는 그것이 무엇인지 묻지도 않고서 나도 봤어 해변에 그렇게 큰 까마귀라니 어둡기도 하지
―「검은 해변」

큰 까마귀는 이 시집의 배경복사인 '검은 회화'의 복본이다. 그것이 까마귀로서 포착되는 순간, 저 고대의 어둠은 현재의 상황을 뒤집기 위해 난입하는 괴룡으로 출현한다.
이 공생의 형식은 시인에 의해 상황을 접는 형상으로 구성된다.

검은 양이 잠들고 나면
검은 사람들을 모두 돌려보내고 읽던 책을 다시 꺼내 봅니다

그러다 문득 세상을 한 겹 벗겨 내듯이

이 페이지의 오른쪽 귀퉁이를 접어 보는 겁니다

자, 보세요 저기 잠들어 있는 검은 양을

한쪽을 접어서 반대편으로도 잘 접히는
동시에 탄생하는 영원한 프랙털을

이 모든 꿈의 이전이자 이후를

저는 당신이 오기를 오랫동안 기다리고 있었어요
—「검은 양 세기」에서

    상황을 책의 쪽들로 가정하자 그것들은 접힘의 동작을 통해서 서로 포개진다. 그렇게 해서 이제 그것들은 연속성을 상실하는 대가로 상호작용하는 공생자로 변형된다. 이 시 마지막에 "단 한 번의 만남으로 여기까지 와 버린/ 이제는 적이 되어 가는 과거의 협력자"라는 표현은 그래서 나온 것이다. 이 적대적 동반자를 통해 '나'는 재발견된다.

내 것이 아닌 모든 것과
모든 것으로부터의 나를
—「검은 양 세기」에서

'나'는 당신의 부재가 남긴 흔적이었던 것이다. 이 접히고 접어서 발생하는 공생을 상징하는 단어가 하나 나타나는데 그것은 "영원의 도그지어(Dog's Ear)"이다. 이 도그지어는 재출발의 기점, 「미자나빔」에 수미상관의 방식으로 조응한다.

히스테리 담론 너머로

이 형식은 시인-독자의 관계로 확장될 것이다. 즉 김종연의 시집에서 독자는 시집 안에 현존하게 된다. 시집의 변형과 재형성을 수행하는 대결적 동반자로서 화자와 함께 공생하는 것이다. 이게 바로 앞에서 물음표를 달았던 '서사가 아닌 전개'의 김종연식 대답이다.

여기서 독자는 지금 이 시집을 읽고 있는 독자 당신이다. 김종연 시집은 독자인 당신이 되풀이해 읽을 때마다 재해석되는 게 아니라 새롭게 재형성될 것이다. 이러한 구조는 롤랑 바르트가 제기했던 "다시 쓸 수 있는 텍스트(le texte scriptible)"에 해당하는 하나의 모델로서 이 시집을 이해할 수도 있음을 가리킨다.

그리고 독자인 당신이 이 시집 안에서 할 게임은 아주 풍부하다. 필자는 겨우 그 얼개만을 찾았을 뿐이니, 내부의 구조들로 침투하는 건 오로지 독자의 몫이다. 당신의 협력 혹은 대결에 의해 시편들은, 그리고 시편들의 관계망은 거듭 생성된다. 필자가 모두에 김현의 글을 굳이 인용한 까닭이다.

한 가지 권고를 덧붙이기로 하자.

이 시집은 경험을 관념으로 뚫으려 한다는 점에서 히스테리 담론의 성격을 갖는다. 정신분석의 생성기에 프로이트가 가장 몰두한 게 히스테리이고, 히스테리 담론이 자크 라캉과 그의 번역자이자 해석자인 브루스 핑크에 의해서 중요한 담론으로 설정되었다는 건 주지하는 사실이다. 이러한 사실은 히스테리 담론이 정신적 문제의 초기 대응의 전형적인 양식이라는 것을 가리킨다. 히스테리 담론이 수행하는 기본 역할은 억압적 상황 혹은 지배 담론의 문제를 지식 쪽으로 이동시킨다는 것이다. 그걸 통해서 분석가는 문제를 파악하고 치료의 길을 찾는다.

하지만 초기 대응에서 환자, 즉 분석 수행자는 경험을 충분히 내면화하지 못한 상태에 처해 있다. 그 때문에 관념이 경험을 은폐하고, 관념을 통해서 저만의 환상을 구축하면서 그것에 갈급한다. 과도해지면 분석 수행자는 문제의 진원, 즉 자신의 실제 체험을 일탈해서 엉뚱한 관념의 미궁 속을 헤매게 된다.

오늘의 시집에서 특별히 희소한 자원이 있다면, 그건 바로 경험량이다. 여기에서 경험량이란 거리와 관계없이 공생하고 있는 모든 존재들과 공유함으로써 특정한 효과를 산출하는 사건이자 사실들을 가리킨다. 이 경험량의 확보만이 상황을 헤쳐 나가는 존재의 솜씨를 넘어서 그런 활약의 근거와 대의를 제공해 줄 수 있다. 궁극적으로 시인이 앓고 있는 문제가 공유해야 할 경험인가, 아닌가에 대한 판별이 그로부터 나온다. 그리고 경험의 진실성과 물량에 근거할 때 시의 기법도 더욱 정교하게 벼려질 것이다.

아주 희귀한 글쓰기의 지평을 열어 자신의 가능성도 활짝 연 이 시인이 차후의 시작에서 꼭 유념하기를 바란다.

추천의 글

환영의 (더 깊은) 안쪽

김선오(시인)

　이미지가 생성하는 환상이 세계가 관측 가능하다는 믿음이며, 언어가 생성하는 환상은 관측된 세계를 절개해 그 내부를 '세계'라는 고정된 상의 일부로 환원할 수 있다는 믿음이라면. 시는 이미지와 언어 사이의 이러한 순환적인 운동에 의해 추동되는 동시에 그 힘에 의해 튕겨져 나가 산산조각난 형상까지를 스스로의 일부로 포함해 왔다.
　이 환상을 우리가 감지할 때, 그로 인해 이미지와 언어가 공동으로 건축한 믿음의 귀퉁이가 부서질 때, 시인은 무엇을 더 말할 수 있으며 어떻게 새로운 발화를 구성할 수 있을까. 김종연의 시는 균열을 표백하거나 그 바깥으로 탈주하는 대신 환영의 더 깊은 안쪽을 가리키며 환상을 대하는 각도를 변경한다. 그러므로 『검은 양 세기』에서 세계는 고정된 상이 아니라 빛과 소리로 펼쳐지는 순차적인 스펙트럼이며, 언어 역시 하나의 닫힌 체계가 아닌 지속적으로 변위하는 장(場)으로 기능한다. 따라서 세계는 기존과 다른 방식으로 관측된다. 이는 김종연의 전작 『월드』의 "지금까지는 세계/ 여기부터는 월드"라는 선언에 이어 "어디까지가 사람이고 어디부터는 사람이 아닌지" "모두에게서 하나로/ 다시 하나에게서 모두로"(「추구체」)와 같은 문장으로 변주된다.

   김종연의 시에서 세계라는 스펙트럼은 꿈과 현실 사이를 유유히 배회하는 '검은 양'의 형상으로 마침내 정박된다. 양을 세며 잠드는 행위가 양을 재우는 상상으로 전복되는 순간 부서진 환상은 능동적인 움직임으로 변형되고, 우리는 그 부서짐 속에서 감각과 사고를 새로이 조합하는 참여자가 된다. 영원을 "영과 원"으로 분절하고, 이를 "원과 영"으로 배치하거나 "원영영원"으로 재조립하듯이 균열을 새로운 연결의 시작점이 된다. 『검은 양 세기』는 우리를 굴절시켜 환영의 더 깊은 안쪽으로 데려가고, 그곳이 우리를 환대하고 있음을 알린다. 부서지고 재건되며 계속되는 환상 속에 머무르기, 그것이 『검은 양 세기』를 "사랑의 산물"(「난지도」)이라 부를 수 있는 이유다.

지은이 김종연

1991년 서울에서 태어났다. 2011년 《현대시》 신인추천작품상,
2014년 대산대학문학상(시)을 수상하며 작품 활동을 시작했다.
시집 『월드』가 있다. 박인환 문학상을 수상했다.

검은 양 세기

1판 1쇄 펴냄 2025년 3월 31일
1판 2쇄 펴냄 2025년 10월 17일

지은이 김종연
발행인 박근섭, 박상준
펴낸곳 (주)민음사

출판등록 1966. 5.19. (제16-490호)
서울특별시 강남구 도산대로1길 62(신사동)
강남출판문화센터 5층 (06027)
대표전화 02-515-2000 / 팩시밀리 02-515-2007
www.minumsa.com

ⓒ 김종연, 2025. Printed in Seoul, Korea

ISBN 978-89-374-0949-3 (04810)
      978-89-374-0802-1 (세트)

* 잘못 만들어진 책은 구입처에서 교환해 드립니다.
* 이 책은 서울특별시, 서울문화재단 '2025년 창작집 발간지원 사업'의
  지원을 받아 발간되었습니다.

민음의 시
목록

- 001 **전원시편** 고은
- 002 **멀리 뛰기** 신진
- 003 **춤꾼 이야기** 이윤택
- 004 **토마토 씨앗을 심은 후부터** 백미혜
- 005 **징조** 안수환
- 006 **반성** 김영승
- 007 **햄버거에 대한 명상** 장정일
- 008 **진흙소를 타고** 최승호
- 009 **보이지 않는 것의 그림자** 박이문
- 010 **강** 구광본
- 011 **아내의 잠** 박경석
- 012 **새벽편지** 정호승
- 013 **매장시편** 임동확
- 014 **새를 기다리며** 김수복
- 015 **내 젖은 구두 벗어 해에게 보여줄 때** 이문재
- 016 **길안에서의 택시잡기** 장정일
- 017 **우수의 이불을 덮고** 이기철
- 018 **느리고 무겁게 그리고 우울하게** 김영태
- 019 **아침책상** 최동호
- 020 **안개와 불** 하재봉
- 021 **누가 두꺼비집을 내려놨나** 장경린
- 022 **흙은 사각형의 기억을 갖고 있다** 송찬호
- 023 **물 위를 걷는 자, 물 밑을 걷는 자** 주창윤
- 024 **땅의 뿌리 그 깊은 속** 배진성
- 025 **잘 가라 내 청춘** 이상희
- 026 **장마는 아이들을 눈뜨게 하고** 정화진
- 027 **불란서 영화처럼** 전연옥
- 028 **얼굴 없는 사람과의 약속** 정한용
- 029 **깊은 곳에 그물을** 남진우
- 030 **지금 남은 자들의 골짜기엔** 고진하
- 031 **살아 있는 날들의 비망록** 임동확
- 032 **검은 소에 관한 기억** 채성병
- 033 **산정묘지** 조정권
- 034 **신은 망했다** 이갑수
- 035 **꽃은 푸른 빛을 피하고** 박자삼
- 036 **침엽수림에서** 엄원태
- 037 **숨은 사내** 박기영
- 038 **땅은 주검을 호락호락 받아 주지 않는다** 조은
- 039 **낯선 길에 묻다** 성석제
- 040 **404호** 김혜수
- 041 **이 강산 녹음 방초** 박종해
- 042 **뿔** 문인수
- 043 **두 힘이 숲을 설레게 한다** 손진은
- 044 **황금 연못** 장옥관
- 045 **밤에 용서라는 말을 들었다** 이진명
- 046 **홀로 등불을 상처 위에 켜다** 윤후명
- 047 **고래는 명상가** 김영태
- 048 **당나귀의 꿈** 권대웅
- 049 **까마귀** 김재석
- 050 **늙은 퇴폐** 이승욱
- 051 **색동 단풍숲을 노래하라** 김영무
- 052 **산책시편** 이문재
- 053 **입국** 사이토우 마리코
- 054 **저녁의 첼로** 최계선
- 055 **6은 나무 7은 돌고래** 박상순
- 056 **세상의 모든 저녁** 유하
- 057 **산화가** 노혜봉
- 058 **여우를 살리기 위해** 이학성
- 059 **현대적** 이갑수
- 060 **황천반점** 윤제림
- 061 **몸나무의 추억** 박진형
- 062 **푸른 비상구** 이희중
- 063 **님시편** 하종오
- 064 **비밀을 사랑한 이유** 정은숙
- 065 **고요한 동백을 품은 바다가 있다** 정화진
- 066 **내 귓속의 장대나무 숲** 최정례
- 067 **바퀴소리를 듣는다** 장옥관
- 068 **참 이상한 상형문자** 이승욱
- 069 **열하를 향하여** 이기철
- 070 **발전소** 하재봉
- 071 **화염길** 박찬
- 072 **딱따구리는 어디에 숨어 있는가** 최동호
- 073 **서랍 속의 여자** 박지영
- 074 **가끔 중세를 꿈꾼다** 전대호
- 075 **로큰롤 해븐** 김태형
- 076 **에로스의 반지** 백미혜
- 077 **남자를 위하여** 문정희
- 078 **그가 내 얼굴을 만지네** 송재학
- 079 **검은 암소의 천국** 성석제
- 080 **그곳이 멀지 않다** 나희덕
- 081 **고요한 입술** 송종규
- 082 **오래 비어 있는 길** 전동균

083	미리 이별을 노래하다 차창룡		125	뜻밖의 대답 김언희
084	불안하다, 서 있는 것들 박용재		126	삼천갑자 복사빛 정끝별
085	성찰 전대호		127	나는 정말 아주 다르다 이만식
086	삼류 극장에서의 한때 배용제		128	시간의 쪽배 오세영
087	정동진역 김영남		129	간결한 배치 신해욱
088	벼락무늬 이상희		130	수탉 고진하
089	오전 10시에 배달되는 햇살 원희석		131	빛들의 피곤이 밤을 끌어당긴다 김소연
090	나만의 것 정은숙		132	칸트의 동물원 이근화
091	그로테스크 최승호		133	아침 산책 박이문
092	나나 이야기 정한용		134	인디오 여인 곽효환
093	지금 어디에 계십니까 백주은		135	모자나무 박찬일
094	지도에 없는 섬 하나를 안다 임영조		136	녹슨 방 송종규
095	말라죽은 앵두나무 아래 잠자는 저 여자 김언희		137	바다로 가득 찬 책 강기원
			138	아버지의 도장 김재혁
096	흰 책 정끝별		139	4월이, 미안하다 심언주
097	늦게 온 소포 고두현		140	공중 묘지 성윤석
098	내가 만난 사람은 모두 아름다웠다 이기철		141	그 얼굴에 입술을 대다 권혁웅
099	빗자루를 타고 달리는 웃음 김승희		142	열애 신달자
100	얼음수도원 고진하		143	길에서 만난 나무늘보 김민
101	그날 말이 돌아오지 않는다 김경후		144	검은 표범 여인 문혜진
102	오라, 거짓 사랑아 문정희		145	여왕코끼리의 힘 조명
103	붉은 담장의 커브 이수명		146	광대 소녀의 거꾸로 도는 지구 정재학
104	내 청춘의 격렬비열도엔 아직도 음악 같은 눈이 내리지 박정대		147	슬픈 갈릴레이의 마을 정채원
			148	습관성 겨울 장승리
105	제비꽃 여인숙 이정록		149	나쁜 소년이 서 있다 허연
106	아담, 다른 얼굴 조원규		150	앨리스네 집 황성희
107	노을의 집 배문성		151	스윙 여태천
108	공놀이하는 달마 최동호		152	호텔 타셀의 돼지들 오은
109	인생 이승훈		153	아주 붉은 현기증 천수호
110	내 졸음에도 사랑은 떠도느냐 정철훈		154	침대를 타고 달렸어 신현림
111	내 잠 속의 모래산 이장욱		155	소설을 쓰자 김언
112	별의 집 백미혜		156	달의 아가미 김두안
113	나는 푸른 트럭을 탔다 박찬일		157	우주전쟁 중에 첫사랑 서동욱
114	사람은 사랑한 만큼 산다 박용재		158	시소의 감정 김지녀
115	사랑은 야채 같은 것 성미정		159	오페라 미용실 윤석정
116	어머니가 촛불로 밥을 지으신다 정재학		160	시차의 눈을 달랜다 김경주
117	나는 걷는다 물먹은 대지 위를 원재길		161	몽해항로 장석주
118	질 나쁜 연애 문혜진		162	은하가 은하를 관통하는 밤 강기원
119	양귀비꽃 머리에 꽂고 문정희		163	마계 윤의섭
120	해질녘에 아픈 사람 신현림		164	벼랑 위의 사랑 차창룡
121	Love Adagio 박상순		165	언니에게 이영주
122	오래 말하는 사이 신달자		166	소년 파르티잔 행동 지침 서효인
123	하늘이 담긴 손 김영래		167	조용한 회화 가족 No. 1 조민
124	가장 따뜻한 책 이기철		168	다산의 처녀 문정희

169	타인의 의미 김행숙		212	결코 안녕인 세계 주영중
170	귀 없는 토끼에 관한 소수 의견 김성대		213	공중을 들어 올리는 하나의 방식 송종규
171	고요로의 초대 조정권		214	희지의 세계 황인찬
172	애초의 당신 김요일		215	달의 뒷면을 보다 고두현
173	가벼운 마음의 소유자들 유형진		216	온갖 것들의 낮 유계영
174	종이 신달자		217	지중해의 피 강기원
175	명왕성 되다 이재훈		218	일요일과 나쁜 날씨 장석주
176	유령들 정한용		219	세상의 모든 최대화 황유원
177	파묻힌 얼굴 오정국		220	몇 명의 내가 있는 액자 하나 여정
178	키키 김산		221	어느 누구의 모든 동생 서윤후
179	백 년 동안의 세계대전 서효인		222	백치의 산수 강정
180	나무, 나의 모국어 이기철		223	곡면의 힘 서동욱
181	밤의 분명한 사실들 진수미		224	나의 다른 이름들 조용미
182	사과 사이사이 새 최문자		225	벌레 신화 이재훈
183	애인 이응준		226	빛이 아닌 결론을 찢는 안미린
184	애들아, 모든 이름을 사랑해 김경인		227	북촌 신달자
185	마른하늘에서 치는 박수 소리 오세영		228	감은 눈이 내 얼굴을 안태운
186	ㄹ 성기완		229	눈먼 자의 동쪽 오정국
187	모조 숲 이민하		230	혜성의 냄새 문혜진
188	침묵의 푸른 이랑 이태수		231	파도의 새로운 양상 김미령
189	구관조 씻기기 황인찬		232	흰 글씨로 쓰는 것 김준현
190	구두코 조혜은		233	내가 훔친 기적 강지혜
191	저렇게 오렌지는 익어 가고 여태천		234	흰 꽃 만지는 시간 이기철
192	이 집에서 슬픔은 안 된다 김상혁		235	북양항로 오세영
193	입술의 문자 한세정		236	구멍만 남은 도넛 조민
194	박카스 만세 박강		237	반지하 앨리스 신현림
195	나는 나와 어울리지 않는다 박판식		238	나는 벽에 붙어 잤다 최지인
196	딴생각 김재혁		239	표류하는 흑발 김이듬
197	4를 지키려는 노력 황성희		240	탐험과 소년과 계절의 서 안웅선
198	.zip 송기영		241	소리 책력冊曆 김정환
199	절반의 침묵 박은율		242	책기둥 문보영
200	양파 공동체 손미		243	황홀 허형만
201	온몸으로 밀고 나가는 것이다 서동욱·김행숙 엮음		244	조이와의 키스 배수연
			245	작가의 사랑 문정희
202	암흑향暗黑鄕 조연호		246	정원사를 바로 아세요 정지우
203	살 흐르다 신달자		247	사람은 모두 울고 난 얼굴 이상협
204	6 성동혁		248	내가 사랑하는 나의 새 인간 김복희
205	응 문정희		249	로라와 로라 심지아
206	모스크바예술극장의 기립 박수 기혁		250	타이피스트 김이강
207	기차는 꽃그늘에 주저앉아 김명인		251	목화, 어두운 마음의 깊이 이응준
208	백 리를 기다리는 말 박해람		252	백야의 소문으로 영원히 양안다
209	묵시록 윤의섭		253	캣콜링 이소호
210	비는 염소를 몰고 올 수 있을까 심언주		254	60조각의 비가 이선영
211	힐베르트 고양이 제로 함기석		255	우리가 훔친 것들이 만발한다 최문자

256	사람을 사랑해도 될까 손미	298	몸과 마음을 산뜻하게 정재율
257	사과 얼마예요 조정인	299	오늘은 좀 추운 사랑도 좋아 문정희
258	눈 속의 구조대 장정일	300	눈 내리는 체육관 조혜은
259	아무는 밤 김안	301	가벼운 선물 조해주
260	사랑과 교육 송승언	302	자막과 입을 맞추는 영혼 김준현
261	밤이 계속될 거야 신동옥	303	당신은 오늘도 커다랗게 입을 찢으며 웃고 있습니
262	간절함 신달자		신성희
263	양방향 김유림	304	소공포 배시은
264	어디서부터 오는 비인가요 윤의섭	305	월드 김종연
265	나를 참으면 다만 내가 되는 걸까 김성대	306	돌을 쥐려는 사람에게 김석영
266	이해할 차례이다 권박	307	빛의 체인 전수오
267	7초간의 포옹 신현림	308	당신의 세계는 아직도 바다와 빗소리와 작약을
268	밤과 꿈의 뉘앙스 박은정		취급하는지 김경미
269	디자인하우스 센텐스 함기석	309	검은 머리 짐승 사전 신이인
270	진짜 같은 마음 이서하	310	세컨드핸드 조용우
271	숲의 소실점을 향해 양안다	311	전쟁과 평화가 있는 내 부엌 신달자
272	아가씨와 빵 심민아	312	조금 전의 심장 홍일표
273	한 사람의 불확실 오은경	313	여름 가고 여름 채인숙
274	우리의 초능력은 우는 일이 전부라고 생각해	314	다들 모였다고 하지만 내가 없잖아 허주영
	윤종욱	315	조금 진전 있음 이서하
275	작가의 탄생 유진목	316	장송행진곡 김현
276	방금 기이한 새소리를 들었다 김지녀	317	얼룩말 상자 배진우
277	감히 슬프지 않을 수 있겠습니까? 여태천	318	아기 늑대와 걸어가기 이지아
278	내 몸을 입으시겠어요? 조명	319	정신머리 박참새
279	그 웃음을 나도 좋아해 이기리	320	개구리극장 마윤지
280	중세를 적다 홍일표	321	펜 소스 임정민
281	우리가 동시에 여기 있다는 소문 김미령	322	이 시는 누워 있고 일어날 생각을 안 한다 임지은
282	써칭 포 캔디맨 송기영	323	미래슈퍼 옆 환상가게 강은교
283	재와 사랑의 미래 김연덕	324	개와 늑대와 도플갱어 숲 임원묵
284	완벽한 개업 축하 시 강보원	325	백합의 지옥 최재원
285	백지에게 김언	326	물보라 박지일
286	재의 얼굴로 지나가다 오정국	327	기대 없는 토요일 윤지양
287	커다란 하양으로 강정	328	종종 임경섭
288	여름 상설 공연 박은지	329	검은 양 세기 김종연
289	좋아하는 것들을 죽여 가면서 임정민	330	유물론 서동욱
290	줄무늬 비닐 커튼 채호기	331	나의 인터넷 친구 여한솔
291	영원 아래서 잠시 이기철	332	집 없는 집 여태천
292	다만 보라를 듣다 강기원	333	제너레이션 김미령
293	라흐 뒤 프루콩 드 네주 말하자면 눈송이의 예술	334	화살기도 여세실
	박정대	335	우엉차는 우는 사람에게 좋다 박다래
294	나랑 하고 시픈게 뭐에여? 최재원	336	개안수술집도록 함기석
295	해바라기밭의 리토르넬로 최문자		
296	꿈을 꾸지 않기로 했고 그렇게 되었다 권민경		
297	이건 우리만의 비밀이지? 강지혜		